Christoph Casetti

Kleiner Familienkatechismus

Gott hat die Welt so sehr geliebt, daß er seinen einzigen Sohn dahingab, damit jeder, der an ihn glaubt, nicht zugrunde geht, sondern das ewige Leben hat.
(Joh 3, 16)

VIA·VERITAS·VITA

Christoph Casetti

Inhaltsverzeichnis

VORWORT

Dieses kleine Buch verdankt seine Entstehung zuerst den Mitgliedern eines Jugendbibelkreises in Zürich. Nachdem wir während längerer Zeit miteinander in der Heiligen Schrift gelesen hatten, wurde den Jugendlichen immer mehr bewußt, wie sehr ihnen eine systematische Glaubensübersicht fehlte. So entstand für diese Gruppe ein kleiner Glaubenskurs, der sich in der Gliederung an den klassischen Katechismen orientierte. Für die kleine Gemeinde Planken im Fürstentum Liechtenstein habe ich daraus später eine Predigtreihe und für die Schweizerische Katholische Wochenzeitung eine Artikelfolge gemacht. Die verschiedenen ermutigenden Echos haben mir gezeigt, daß manche Gläubigen heute dankbar sind für eine solche übersichtliche Darstellung des Glaubens. Der Religionsunterricht der vergangenen Jahrzehnte bemühte sich um die Vermittlung von Glaubenserfahrungen. Dabei kam die Weitergabe von notwendigem Glaubenswissen nicht selten zu kurz. Sogar Christen, die regelmäßig den Gottesdienst besuchen und sich um ein Leben aus dem Glauben ernsthaft bemühen, werden oft sehr schnell verlegen, wenn sie Auskunft über ihren Glauben und ihre Kirche geben sollen. Manche junge Eltern geraten in Schwierigkeiten, wenn ihre Kinder und Jugendlichen nach Glaubensbegründungen fragen.

Es geht mir nicht darum, ein vollständiges katholisches Glaubens- und Lebensbuch vorzulegen. Ich will auch nicht den von Papst Johannes Paul II. und von vielen Bischöfen gewünschten *Familienkatechismus* vorwegnehmen. Ich möchte vielmehr in einer einfachen Sprache einen ersten Zugang zu unserem Glauben eröffnen. Bewußt versuche ich, Brücken zu bauen zwischen der überlieferten Sprache der Kirche und der alltäglichen Umgangssprache. Ich bin mir der Mängel dieser Darstellung, die neben meiner hauptamtlichen kirchlichen Tätigkeit entstanden ist, durchaus bewußt. Dennoch hoffe ich, daß sie für manche eine erste Orientierungshilfe sein kann.

Die meisten Formulierungen habe ich bei meinen theologischen und philosophischen Lehrern gefunden. Die Umstände der Entstehung und die Zielsetzung haben es unmöglich gemacht, die Zitate zu kennzeichnen und die verwendete Literatur anzugeben. Bei einer Schrift, die nicht den Anspruch auf Wissenschaftlichkeit erhebt und mehr der Verkündigung dienen möchte, scheint mir dieses Vorgehen gerechtfertigt zu sein. Allen Autoren, deren Gedanken und Formulierungen mir sehr geholfen haben, möchte ich an dieser Stelle von Herzen danken.

Wem diese Darstellung des Glaubens und des christlichen Lebens nicht oder nicht mehr zu genügen vermag, dem empfehle ich das Studium des Katechismus der Katholischen Kirche, der 1993 veröffentlicht worden ist; mit der Abkürzung "KKK" im Text ist jeweils dieses Buch gemeint.

EINLEITUNG

Ich bin katholisch. Mein Glaube ist etwas ganz Persönliches. Niemand kann ihn mir wegnehmen gegen meinen Willen. Auch wenn mein Glaube zuerst die Entscheidung meiner Eltern gewesen ist, muß er mehr und mehr meine eigene Entscheidung werden.

Aber ich glaube nicht allein. Mit mir glauben viele Menschen. Mein Glaube ist unser Glaube. Die Gemeinschaft derer, die so glauben wie ich, ist die katholische Kirche.

Was heißt glauben?

Wenn wir nicht sicher sind, wie sich etwas verhält, sagen wir "ich meine", "ich vermute" oder eben "ich glaube", daß es so und so ist. Zum Beispiel: "Ich weiß es nicht, aber ich glaube, daß es morgen regnen wird." Hier meinen wir nicht diese Art von Glauben, die Unsicherheit bedeutet. Wenn ein Kind seiner Mutter sagt: "Du wirst es nicht glauben, aber heute habe ich etwas ganz Ungewöhnliches erlebt", dann wird die Mutter antworten: "Das ist tatsächlich ungewöhnlich, aber ich glaube dir." Sie weiß nämlich, daß ihr Kind ehrlich ist. Es gibt Dinge im Leben, die kann ich nur wissen, indem ich sie jemandem glaube, weil ich Vertrauen zu ihm habe. Je größer mein Vertrauen ist, um so stärker und sicherer ist mein Glaube.

Wir glauben, daß das, was Jesus Christus gesagt und getan hat, wahr ist. Denn wir haben Vertrauen zu ihm.

A. DAS KREUZZEICHEN

Das Kreuzzeichen ist die kürzeste Zusammenfassung unseres Glaubens. Wir führen die rechte Hand von der Stirn zur Brust, von dort zur linken und dann zur rechten Schulter. Dabei sprechen wir:

Im Namen des Vaters und des Sohnes
und des Heiligen Geistes. Amen.

Wenn wir so über uns ein Kreuz zeichnen, dann denken wir an Jesus Christus: Er ist für uns am Kreuz gestorben. Weil er Gott ganz gehorsam war, hat er den Ungehorsam der Menschen wiedergutgemacht. Er hat Frieden gestiftet zwischen Gott und den Menschen. Und so hat er den Frieden zwischen den Menschen neu möglich gemacht.

Das Kreuz hat zwei Balken: einen senkrechten und einen waagrechten. Der senkrechte erinnert uns an unsere Beziehung zu Gott, der waagrechte an unsere Beziehung zu den Mitmenschen.

Personen können lieben

Jesus ist der Sohn Gottes. Er hat uns gelehrt, zu Gott Vater zu sagen. Nachdem er zu seinem Vater heimgekehrt ist, haben wir den Heiligen Geist als Beistand erhalten. Wir reden vom "lieben" Gott. Wir sagen: "Gott ist die Liebe." Aber zur Liebe gehören immer verschiedene Personen: Ein Mann liebt seine Frau. Eine Mutter liebt ihr Kind. Ein Mädchen liebt seine Freundin. Und Gott? Hat er auch jemanden, den er gern haben kann? Wir denken vielleicht: Ja, Gott liebt die Menschen. Das stimmt. Aber wen konnte er gern haben, bevor er die Menschen erschaffen hatte? War da niemand, den er lieben konnte? War er allein und einsam? Nein, das kann nicht sein. Das ist auch nicht so. In der Bibel können wir lesen, daß es in Gott verschiedene Personen gibt. Die erste Person ist der Vater, die zweite der Sohn und die dritte der Heilige Geist. Der Vater hat jemanden, den er lieben kann: Das ist der Sohn. Und der Sohn hat jemanden, den er lieben kann: Das ist der Vater; ja, er verdankt sich dem Vater. Die Liebe zwischen dem Vater und dem Sohn ist so groß, daß sie selbst eine Person ist, nämlich der Heilige Geist. Wir sagen also: Es gibt zwar nur einen Gott, aber es gibt in diesem Gott drei Personen. Darum ist der Vater Gott, der Sohn ist Gott und auch der Heilige Geist ist Gott. Und trotzdem sind es nicht drei Götter, sondern nur ein Gott (so wie Vater und Mutter und Kind eine Familie sind).

Vom Vater sagen wir: Er hat alles erschaffen, den Himmel, die Erde, die Pflanzen, die Tiere und uns Menschen, einfach alles.

Vom Sohn sagen wir: Er ist Mensch geworden und hat den Namen "Jesus" erhalten. Er hat die Menschen, die in ihrer Bosheit von Gott weggelaufen waren, zu Gott, dem Vater, zurückgeführt.

Vom Heiligen Geist sagen wir: Er ist zu uns gekommen, nachdem der Sohn (Jesus) seine Aufgabe erfüllt hatte und zum Vater heimgekehrt war. Er erinnert uns an Jesus und hilft uns, so zu leben, wie Jesus es will.

Die Liebe ist ein Geheimnis

Vielleicht denken wir jetzt: Das ist aber sehr kompliziert! Ich denke nicht, daß es kompliziert ist. Es ist so geheimnisvoll und so einfach wie die Liebe. Begreifen können wir das nicht. Denn Gott ist Gott, und wir sind Menschen. Aber glauben können wir es – und uns darüber freuen. Gott ist wirklich "lieb". Wenn wir wissen wollen, wie gern Gott, der Vater, uns hat, müssen wir auf Jesus, seinen Sohn, schauen; und dabei hilft uns der Heilige Geist.

Wir beten "im Namen" des Vaters und des Sohnes und des Heiligen Geistes, weil Gott Person ist. Wir können ihn ansprechen mit den Namen, die er uns selber gesagt hat. Wenn wir etwas tun, das ihm gefällt, dürfen wir in seinem Namen reden und handeln.

Das Wort "Amen" kommt aus dem Hebräischen, der Sprache von Jesus und seinem Volk Israel. Es bedeutet: Ja, ich bin damit einverstanden. Ich habe Vertrauen und ich glaube dir.

Weil das Kreuzzeichen eine so gute Zusammenfassung unseres Glaubens ist, wollen wir es oft, sorgfältig und mit Freude machen.

B. DIE BIBEL

Die Bibel ist das meistverbreitete Buch. Sie ist in etwa 1500 Sprachen übersetzt. Das deutsche Wort "Bibel" kommt vom griechischen "biblos" und heißt ganz einfach "Buch". Die ganze Bibel ist ein Sammelwerk von 72 Büchern, die von verschiedenen Schriftstellern zu verschiedenen Zeiten geschrieben worden sind. Unsere Bibel ist also eine kleine Bibliothek.

Die Bibel besteht aus zwei Teilen: 1. dem Alten Testament und 2. dem Neuen Testament. Gewöhnlich ist mit dem Wort Testament eine Urkunde gemeint, in der ein Mensch seinen letzten Willen mitteilt. Auch die Bibel enthält das Wort und den Willen Gottes. In menschlichen Worten enthält sie das, was Gott uns sagen will. In der Bibel bedeutet das Wort "Testament": Gott will mit den Menschen einen Bund schließen.

Das Alte Testament behandelt den Bund Gottes mit dem Volk Israel, das Neue Testament seinen Bund mit allen, die an seinen Sohn Jesus Christus glauben.

1. Das Alte Testament

Es erzählt die Geschichte des Volkes Israel vor der Geburt von Jesus Christus. Die Urgeschichte beginnt mit der Erschaffung von Himmel und Erde. Die Vätergeschichten erzählen von Abraham, Jakob und dem ägyptischen Josef. Durch Mose befreit Gott sein Volk aus der Sklaverei in Ägypten und erneuert seinen Bund am Berg Sinai, indem er die Zehn Gebote gibt. Das Volk wandert durch die Wüste in das Land, das Gott ihm versprochen hat. Schon bald wollen die Israeliten einen König haben wie ihre Nachbarvölker. Die berühmtesten Könige sind Saul, David und Salomo. Weil die Könige immer wieder in Gefahr sind, Gott zu vergessen, beruft Gott Propheten, die den Mächtigen ins Gewissen reden. Samuel, Jesaja, Jeremia zum Beispiel gehören zu den Propheten. Die Herrschaft der Könige bricht zusammen, das Reich wird geteilt. Teile des Volkes müssen in die Verbannung. Fremde Mächte regieren über Israel. Das Volk schöpft Kraft aus seinem Glauben an Gott. Die Schriften des Alten Testamentes geben ein eindrückliches Zeugnis davon.

Ein Thema, das im Alten Testament immer wieder anklingt, ist die Hoffnung auf den Messias. Er ist der von Gott gesandte König, der das Volk endgültig befreien und schließlich alle Menschen erlösen wird.

Die älteren Teile des Alten Testamentes wurden in hebräischer, seine jüngeren Teile in griechischer Sprache geschrieben. Weil das Alte Testament die Erfahrungen des Volkes Israel mit Gott während ungefähr 2000 Jahren enthält, ist es viel umfangreicher als das Neue Testament, das nur über einen Zeitraum von höchstens 100 Jahren berichtet.

2. Das Neue Testament

Jesus hat weder Tagebücher noch Briefe hinterlassen. Die Geschichtsbücher von damals berichten nur wenig über ihn. Sein Leben und seine Lehre kennen wir aus der Bibel, und zwar aus jenem Teil, der Neues Testament heißt. Das Neue Testament handelt von dem Neuen Bund, den Gott durch Jesus mit seinem Volk geschlossen hat. Dieser Bund ist notwendig geworden, weil die Menschen den Alten Bund immer wieder gebrochen haben. Der Neue Bund ist ewig und endgültig, weil er sein Fundament in der Treue von Jesus Christus hat.

Die 27 Schriften des Neuen Testamentes enthalten die Worte und Taten von Jesus, die Verkündigung (Predigten, Religionsunterricht) der Apostel, das Leben der ersten Christen und die Ausbreitung der Kirche.

Vier Männer haben – jeder aus seiner Sicht – ein Evangelium verfaßt: Matthäus, Markus, Lukas und Johannes. Das Wort "Evangelium" stammt aus dem Griechischen und bedeutet "gute Nachricht", "frohe Botschaft". Denn alles, was Jesus gesagt und getan hat, ist gut für uns und macht uns froh.

Die meisten Briefe des Neuen Testamentes hat der Apostel Paulus geschrieben. Wir haben aber auch Briefe von Petrus, Johannes und anderen Aposteln.

Die Bibel ist Gottes Wort

Das ganze Neue Testament wurde in griechischer Sprache abgefaßt. Weil es Gott ist, der sich menschlicher Schriftsteller bedient hat – mit allen ihren Stärken und Schwächen –, um uns sein Wort und seinen Willen zu sagen, ist **er** der eigentliche Verfasser der Bibel. Deshalb ist die Bibel nicht nur Menschenwort, sondern Wort Gottes und heißt mit Recht "Heilige Schrift".

Schriften, die so alt sind wie die Bibel, sind nicht immer leicht zu verstehen. Manchmal scheinen ganz verschiedene Auslegungen möglich zu sein. Es ist die Aufgabe der Kirche, uns beim Verständnis der Heiligen Schrift zu helfen; denn die Bibel ist ja in und aus der kirchlichen Verkündigung entstanden. Verbindlich ist für uns deshalb die Auslegung unserer Kirche.

Wenn wir häufig und sorgfältig die Bibel lesen, lernen wir Gott besser kennen und lieben. Auch heute will er durch das Wort der Bibel zu uns sprechen. Er will, daß wir immer neu auf sein Wort hören; ja, er ist bei uns in seinem Wort.

C. DAS GLAUBENSBEKENNTNIS

Das Glaubensbekenntnis spricht aus, an wen wir glauben und wem wir unser ganzes Leben anvertrauen. Es gibt verschiedene Glaubensbekenntnisse. Das folgende heißt "apostolisch", weil es im wesentlichen aus der Zeit der Apostel stammt.

Ich glaube an Gott, den Vater,
den Allmächtigen, den Schöpfer
des Himmels und der Erde,

und an Jesus Christus,
seinen eingeborenen Sohn, unseren Herrn,
empfangen durch den Heiligen Geist,
geboren von der Jungfrau Maria,
gelitten unter Pontius Pilatus,
gekreuzigt, gestorben und begraben,
hinabgestiegen in das Reich des Todes,
am dritten Tage auferstanden von den Toten,
aufgefahren in den Himmel;
er sitzt zur Rechten Gottes,
des allmächtigen Vaters;
von dort wird er kommen,
zu richten die Lebenden und die Toten.

Ich glaube an den Heiligen Geist,
die heilige katholische Kirche,
Gemeinschaft der Heiligen,
Vergebung der Sünden,

Auferstehung der Toten,
und das ewige Leben.
Amen.

Weil wir an einen Gott in drei Personen glauben, hat das Glaubensbekenntnis drei Teile; sie sprechen vom Vater, vom Sohn und vom Heiligen Geist.

1. Ich glaube an Gott, den Vater

Das Leben kann wundervoll sein. Wir freuen uns beim Anblick eines herrlichen Sonnenuntergangs. Wie gut tut ein Schluck frisches Wasser, wenn wir Durst haben; oder ein Stück Brot, wenn wir hungrig sind! Es ist nicht selbstverständlich, daß wir gesund sind. Wenn andere uns gern haben und auch wir sie liebhaben können, dann ist auch das nicht selbstverständlich. Wem können wir dafür danken? Die meisten Menschen nennen den, dem sie das alles verdanken, Gott.

Wir können aber auch in große Not geraten. Vielleicht sind wir einmal schwer krank, oder ein uns lieber Mensch stirbt. Es kann uns auch sehr bedrücken, daß wir einem Menschen Unrecht getan haben. Wen können wir in jeder Not um Hilfe bitten? Die meisten Menschen bitten Gott um Hilfe, wenn sie in Not sind. Denn sie sind überzeugt, daß Gott ihnen nicht nur helfen kann, sondern auch helfen will. Es hat nur Sinn, Gott um Hilfe zu bitten, wenn man glaubt, daß er mächtig ist und gut. Wenn er nämlich keine Macht hat, kann er mir nicht helfen; und wenn er nicht gütig ist, will er mir nicht helfen.

Gott hat sich geoffenbart

Die Menschen haben immer wieder nach Gott gefragt. Sie haben ihn gesucht und sich nach ihm gesehnt. Die verschiedenen Möglichkeiten, Gott zu suchen, zeigen sich in den verschiedenen Religionen. Das Besondere unserer Religion ist die Überzeugung, daß *Gott* auf die Fragen der Menschen *von sich aus* eine Antwort gegeben hat. Er hat den Menschen gesagt, wer und wie er ist. Er hat sich den Menschen gezeigt; er hat uns seine Geheimnisse – soweit wir sie verstehen können – bekannt gemacht oder sie uns eröffnet. Deshalb sprechen wir von einer Offenbarung.

Was wissen wir von Gott?

Wir wissen, daß es nur einen Gott gibt. Wo den Menschen an ihren eigenen Ideen und an ihrem eigenen Willen mehr liegt als an Gott, stellen sie ein Geschöpf an die Stelle Gottes und vergötzen es. Solche falschen Götter oder Götzen können heute zum Beispiel sein: das Geld, der Genuß oder die Macht.

Wir wissen, daß Gott so ist, wie ein guter Vater. Ja, er ist mächtiger, gerechter, zuverlässiger und gütiger als alle besten Väter der Welt zusammen. Ein Mann wird Vater, indem er einem Kind aus Liebe das Leben schenkt. Gott heißt Vater, weil er der Ursprung von allem Leben ist. Wenn Gott Vater ist, dann ist er eine Person. Das heißt: Er hört mir zu, wenn ich mit ihm spreche; und er gibt mir gute Gedanken ins Herz, die ich wirklich verstehen kann.

Schöpfer des Himmels und der Erde

Wir wissen, daß Gott allmächtig ist. Das heißt: Gott ist mächtiger als alles, was wir kennen – mächtiger als alle Gewalten der Natur, mächtiger als alle menschlichen Herrscher, mächtiger als der Tod, mächtiger als alle Macht des Bösen. Weil Gott allmächtig ist, sagen wir auch: Er hat alles erschaffen – den Himmel und die Erde, das Land und das Meer, die Blumen und die Bäume, die Tiere und die Menschen, die sichtbare und die unsichtbare Welt. Alles, was es gibt, verdankt sein Dasein Gott.

Die Engel: Freunde Gottes und der Menschen

Ja, es gibt eine unsichtbare Welt. Die Luft oder die Radiowellen können wir nicht ohne weiteres sehen mit unseren Augen. Auch die Liebe und die Treue eines Menschen können wir nicht sehen, und es gibt sie doch. Zur unsichtbaren Welt gehören auch die Engel, die Gott dienen. Unablässig verherrlichen sie Gott und helfen ihm bei der Verwirklichung seiner Pläne zum Heil der Menschen. Sie umgeben auch Christus, ihren Herrn, und dienen ihm bei der Erfüllung seiner Sendung. Jedem Menschen ist ein besonderer Engel zugeteilt: der Schutzengel. Er begleitet ihn von der Kindheit an bis zum Tod mit seiner Hut und Fürbitte. Aus der Bibel sind uns einige Engel namentlich bekannt, vor allem Michael, Gabriel und Raphael. Die guten Engel wollen uns helfen, mit Gott in Verbindung zu bleiben.

Der Teufel, ein gefallener Engel

Der Teufel oder Satan ist ein mächtiger Engel, der Gott aus freiem Willen nicht dienen wollte. Weil er ein rein geistiges Wesen ist, ist seine Entscheidung gegen Gott endgültig. Er und weitere gefallene Engel oder Dämonen versuchen, auch die Menschen zum Ungehorsam gegen Gott zu verführen.

Weil Gott Vater ist, hat er alles aus Liebe erschaffen. Auch wenn mein Vater und meine Mutter mich nicht gewollt haben und nicht lieben sollten, liebt Gott mich. Die Tatsache, daß es mich gibt, ist der unschlagbare Beweis, daß Gott mich liebt.

Für unseren Glauben ist es nicht so wichtig, ob die Welt in Tagen, Jahrtausenden oder Jahrmillionen entstanden ist. Entscheidend ist die Tatsache, daß sie sich weder dem Nichts noch dem Zufall, sondern Gott allein verdankt.

Woher kommt das Böse?

Eine Frage müssen wir jetzt noch bedenken. Wenn Gott gut ist, warum gibt es dann so viel Elend in der Welt? Diese Frage rührt an ein Geheimnis, das wir mit unserem Verstand nicht durchschauen können. Aber so viel läßt sich wohl sagen: Gott wollte das Schönste erschaffen, was es gibt – die Liebe. Liebe jedoch muß freiwillig sein. Wenn ich gezwungen bin, jemanden zu lieben, dann ist das keine wirkliche Liebe mehr. Ich muß die Freiheit haben, zu sagen: Ja, ich liebe dich – oder: Nein, ich liebe dich nicht. Wenn Gott die Liebe erschaffen wollte, dann mußte er in Kauf nehmen, daß die Menschen die Liebe aus freiem Willen mißbrauchen und verweigern. Er mußte ihnen die Möglichkeit lassen, nicht nur gut, sondern auch böse zu sein. Die Bosheit der Menschen ist die Wurzel von allem Leid in der Welt.

Der Mensch als Bild Gottes und sein Fall

In der Bibel lesen wir, daß Gott den Menschen nach seinem Bild geschaffen hat. Das heißt: Gott und wir haben etwas gemeinsam, so unendlich verschieden wir sonst sind. Er und wir haben die Fähigkeit zu lieben. Gott hat dem Menschen die Sorge für die ganze Welt anvertraut. Wir sind verantwortlich nicht nur füreinander, sondern auch für das, was wir mit den Pflanzen und Tieren, mit der Natur und der Umwelt tun. Über alle Geschöpfe sollte der Mensch herrschen und allein Gott, seinem Schöpfer, dienen. Doch der Mensch hat Gott nicht gehorcht. Er hat die Freundschaft mit Gott verloren und verfiel so der Macht des Todes. Aber Gott hat den Menschen dennoch nicht verlassen. Voll Erbarmen hat er allen geholfen, ihn zu suchen und zu finden. Immer wieder hat er den Menschen einen Bund angeboten, um seine Freundschaft mit ihnen zu erneuern. Wann immer die Menschen untreu wurden, hat er Propheten geschickt. Ihre Aufgabe war es, die Menschen an Gott zu erinnern und ihnen zu sagen: Seid nicht mutlos! Es wird einer kommen, der euch endgültig befreien wird aus der Macht der Sünde und des Todes. Er wird einen neuen Bund stiften zwischen euch und Gott; einen Bund, den ihr halten könnt. Diesen endgültigen Frieden der Geschöpfe untereinander und mit Gott nennen wir das "Heil". Voll Sehnsucht warteten viele Menschen auf dieses Heil und auf den, der es bringen sollte, den "Heiland" oder den Messias, wie das Volk Israel ihn nennt.

2. Ich glaube an Jesus Christus

Jesus von Nazaret hat vor ungefähr 2000 Jahren in Israel gelebt. Wir kennen ihn aus den Evangelien. Wer ist Jesus? Diese Frage beantwortet der zweite Teil des Glaubensbekenntnisses. Er ist der "Christus", der "Messias", beides heißt auf deutsch "der Gesalbte". Zur Zeit des Alten Testamentes wurden die Könige gesalbt zum Zeichen dafür, daß Gott sie erwählt hat. Nachdem Israel von fremden Mächten erobert und sein Königreich untergegangen war, haben die Propheten im Auftrag Gottes dem Volk einen neuen König versprochen. Dieser König wird das Volk für immer befreien und retten. Er wird der Messias sein, d. h. der endgültig von Gott Gesalbte und Erwählte.

Unseren Herrn

Jesus Christus ist der "eingeborene Sohn" Gottes. Weil Gott die Liebe ist, ist er der Vater eines Sohnes. Der Sohn verdankt sich ganz dem Vater. Er ist nicht das Geschöpf des Vaters, sondern vor aller Zeit aus ihm hervorgegangen. Er ist deshalb genauso Gott wie der Vater. Auch bei der Erschaffung von Himmel und Erde war der Sohn beteiligt. Durch ihn hat der Vater alles geschaffen. Darum nennen wir ihn auch unsern "Herrn". In der Bibel ist das Wort "Herr" nicht die höfliche Anrede für einen Mann, sondern ein Titel für Gott. Wir anerkennen damit seine "Herrlichkeit", d. h. seine Allmacht, Pracht und Größe. Wenn Jesus "Herr" (griechisch: Kyrios) genannt wird, dann heißt das, daß er so mächtig und so herrlich ist wie Gott.

Empfangen durch den Heiligen Geist, geboren von der Jungfrau Maria

Weil Gott, der Vater, uns Menschen liebt, hat er seinen Sohn als Retter gesandt, damit er uns von der Macht der Sünde und des Todes befreie. Der Sohn Gottes ist Mensch geworden. Seine leibliche Mutter ist Maria. Sie hat ihr Kind empfangen ohne die Mitwirkung eines Mannes. Dies geschah *durch den Heiligen Geist*. Deshalb sagen wir, daß Jesus geboren wurde von der *Jungfrau* Maria. Gott selber hat möglich gemacht, was uns Menschen unmöglich zu sein scheint. Josef, der Bräutigam von Maria, ist der *Pflege*vater von Jesus. Da Jesus Gott allein zum Vater hat, ist er ganz Gott. Da er Maria zur Mutter hat, ist er gleichzeitig ganz Mensch. Er hat wie wir als Mensch gelebt, in allem uns gleich außer der Sünde. Er wurde in Betlehem geboren und wuchs in Nazaret auf. Von Josef erlernte er das Handwerk des Zimmermanns.

Das öffentliche Leben Jesu

Mit ungefähr 30 Jahren ließ er sich von Johannes dem Täufer taufen. Dann trat er als eine Art Wanderprediger an die Öffentlichkeit. Den Armen verkündete er die Botschaft vom Heil, den Gefangenen Freiheit, den Trauernden Freude. Er gab den Menschen zu verstehen: Mit mir kommt Gott zu euch. Ich bringe euch den Frieden Gottes. Ich bin der Heiland, auf den ihr gewartet habt. Ich versöhne euch mit Gott und untereinander. Zum Zeichen dafür, daß er die Wahrheit sagt, hat er Dinge getan, die nur Gott tun kann: Er hat unheilbar Kranke gesund gemacht, er hat Sünden vergeben. Die Natur und die Mächte des Bösen mußten ihm gehorchen. Ja, er hat sogar Tote ins Leben zurückgerufen. Trotz dieser Wunder konnten nur wenige in ihm den versprochenen Messias erkennen, denn die meisten Juden hatten eine andere Vorstellung vom verheißenen Messias. Sie erwarteten einen politischen König, der die verhaßten Römer aus dem Land werfen sollte. Sie dachten an einen Messias, der mit großer Herrlichkeit und Pracht erscheint. Für sie waren die Worte dieses Jesus von Nazaret, dieses gewöhnlichen Wanderpredigers, Anmaßungen, ja Gotteslästerungen.

Gelitten unter Pontius Pilatus, gekreuzigt, gestorben und begraben

Mehr und mehr nahmen die einflußreichen Israeliten Anstoß an Jesus und beschlossen schließlich seinen Tod. Gott, der Vater, hat zugelassen, daß Jesus, sein Sohn, die ganze Bosheit der Menschen erleide, damit er sie von ihrer ganzen Bosheit erlöse. Er hat den Ungehorsam der Menschen wiedergutgemacht, indem er gehorsam war bis zum Tod am Kreuz. Darum hat er sich aus freiem Willen dem Leiden unterworfen. Durch sein Leiden hat er die Schuld der Menschen in Liebe verwandelt. Einer der Freunde hat ihn verraten, die meisten haben ihn im Stich gelassen. Die Juden haben ihm den Prozeß gemacht, und die Römer haben ihn hingerichtet. Letztlich sind alle Menschen für seinen Tod verantwortlich; denn alle Menschen tragen bei zur Bosheit in der Welt. Nach seiner Verurteilung durch den römischen Statthalter Pontius Pilatus wurde Jesus durch die Geißelung gefoltert und dann verspottet. Er mußte selbst das Kreuz zur Hinrichtungsstelle tragen. Die Kreuzigung war die schändlichste und qualvollste Hinrichtungsart, welche die Römer kannten. Nach seinem Tod am Kreuz wurde Jesus nach jüdischer Sitte in einem Felsengrab begraben, das mit einer Steinplatte verschlossen wurde.

Hinabgestiegen in das Reich des Todes, am dritten Tage auferstanden von den Toten

Nach seinem Tod ist Jesus Christus hinabgestiegen in das Reich des Todes. Er hat die Gerechten, die vor ihm gelebt haben und bereits gestorben waren, aus der Gefangenschaft des Todes befreit. Er hat ihnen den Zugang zum Vater im Himmel eröffnet. Am dritten Tag ist er von den Toten auferstanden. Durch seine Auferstehung hat er den Tod besiegt und das Leben neu geschaffen. Zwar müssen immer noch alle Menschen sterben, aber der Tod hat seinen Schrecken verloren. Er ist nun nicht mehr ein Gefängnis, sondern das Tor zum ewigen Leben. Wir brauchen vor dem Tod eigentlich keine Angst mehr zu haben. Wenn wir sterben, gelangen wir auf einen Weg, auf dem Jesus uns vorausgegangen ist. Er steht am Ziel und wartet auf uns.

Nach seiner Auferstehung zeigte sich Jesus einigen Frauen, seinen Freunden und Jüngern. Obwohl sie ihn berühren, mit ihm sprechen und essen konnten, war er anders als vor seinem Tod. Sein Leib war verklärt und verherrlicht. Er konnte einen Raum betreten auch bei verschlossenen Türen. Er konnte sich zeigen oder unsichtbar bleiben, wie er es wollte.

Aufgefahren in den Himmel; er sitzt zur Rechten Gottes, des allmächtigen Vaters

Die Auffahrt von Jesus in den Himmel hat nichts mit Fliegerei oder Raumfahrt zu tun. Mit diesen Worten sagen wir: Jesus, der Sohn Gottes, ist zurückgekehrt zu seinem Vater. Weil er nicht nur ganz Gott, sondern auch ganz Mensch ist, haben wir Menschen jetzt einen von uns bei Gott. Im Himmel, d. h. bei Gott, ist jetzt Platz für uns. Da Jesus zur Rechten Gottes sitzt, kann er jederzeit für uns eintreten. Er kann unsere Anliegen dem Vater vortragen. Deshalb beenden wir unsere Gebete an Gott, den Vater, häufig mit den Worten: "Durch Christus, unseren Herrn".

Von dort wird er kommen, zu richten die Lebenden und die Toten

Jesus ist aber nicht für immer von uns weggegangen. Am Ende der Zeit wird er wiederkommen – nicht mehr in Armut, sondern in Herrlichkeit. Darum wird ihn dann auch das Volk Israel als den wahren Messias erkennen. So warten wir zusammen mit dem Volk der Juden voll Sehnsucht auf seine Ankunft, seinen Advent – die Juden auf seine erste, wir auf seine zweite Ankunft. Wenn er kommt, wird er – unter Mithilfe der Engel – die Lebenden und die Toten richten. Alles Gute und alles Böse, das die Menschen getan haben, wird ans Licht kommen. Vor allem aber wird allen klar werden, daß Christus es ist, der uns gerecht macht. Ihm haben wir unsere Rettung zu verdanken. Die ewige Freude an Gott wird unser Lohn sein; das meinen wir, wenn wir vom Himmel sprechen. Der Schmerz über unsere Lieblosigkeit Gott und den Menschen gegenüber wird die Strafe sein. Wenn es sich dabei um die letzte Reinigung handelt, sprechen wir vom

Fegfeuer. Ist unser Nein zu Gott unwiderruflich, sprechen wir von der Hölle. Wenn Jesus Christus wiederkommt, wird er seine endgültige und ewige Herrschaft aufrichten über den neuen Himmel und die neue Erde.

3. Ich glaube an den Heiligen Geist

Jesus ist für uns gestorben und auferstanden. Deshalb sollen wir nicht mehr egoistisch für uns selber leben, sondern für ihn. Damit wir das können, hat er allen, die glauben, als erste Gabe vom Vater den Heiligen Geist gesandt. Der Heilige Geist geht aus dem Vater und dem Sohn hervor. Er ist die Liebe zwischen dem Vater und dem Sohn. Deshalb ist auch er Gott. Seine Sendung und Gabe ist das göttliche Leben. Weil auch er Gott ist, wird er mit dem Vater und dem Sohn angebetet und verherrlicht.

Schon bevor Jesus geboren wurde, hat der Heilige Geist durch die Propheten gesprochen und so den Menschen den Willen Gottes kundgetan und sie auf die Geburt des Erlösers vorbereitet. Jetzt wirkt er vor allem in der Kirche, in der Gemeinschaft derer, die an Jesus Christus glauben.

Die heilige, katholische Kirche

Nicht weil alle, die zu ihr gehören, ein vorbildliches Leben führen, ist die Kirche heilig, sondern weil der Heilige Geist in ihr wirkt. Er will den Christen helfen, so zu denken und zu handeln wie Jesus, damit die Kirche in allen ihren Gliedern immer heiliger wird und immer mehr so, wie Gott sie haben will.

Die Kirche, die Jesus gegründet hat, ist katholisch. Das Wort "katholisch" kommt aus dem Griechischen und heißt: allumfassend, jeden Menschen angehend. Die Kirche soll also katholisch sein, damit *alle* Menschen Jesus Christus *ganz* begegnen können. Während der Alte Bund auf das Volk Israel beschränkt war, soll der Neue Bund allen Menschen offenstehen; in diesem Sinn heißt katholisch weltumfassend. Weil nur Jesus die Menschen ganz glücklich machen kann, sollen sie in der Kirche Jesus wirklich ganz begegnen können.

Selbstverständlich hat Jesus nur eine Kirche gewollt. In der Einigkeit der Christen sollte die Einheit des Vaters und des Sohnes und des Heiligen Geistes für alle Menschen erfahrbar werden. Doch weil die Menschen oft schwach und auch böse sind, haben sich die Christen immer wieder zerstritten. Deshalb haben wir heute verschiedene Bekenntnisse. Um das Jahr 1000 haben sich die Christen des Ostens von denen im Westen getrennt. Sie bilden die Familie der orthodoxen Kirchen. Im 16. Jahrhundert gab es im Westen eine zweite große Glaubensspaltung. Die Anglikaner in England, die Lutheraner in Deutschland und Skandinavien, die Reformierten in Deutschland, Frankreich und der Schweiz trennten sich von der römisch-katholischen Kirche und bildeten eigene kirchliche Gemeinschaften. Im Unterschied zu den verschiedenen Religionen nennt man die verschiedenen Bekenntnisse der Christen "Konfessionen". Alle Christen sollen sich um die Einheit im Glauben mühen, vor allem durch das Gebet, aber auch durch die gemeinsam bezeugte Liebe; denn dies entspricht dem Willen von Jesus Christus.

Der Herr hat seinen Aposteln den Auftrag gegeben, seine Botschaft in die ganze Welt hinauszutragen und überall Glaubensgemeinschaften zu stiften. Die Apostel und ihre Nachfolger sind dafür verantwortlich, daß das Evangelium von Jesus Christus unverfälscht zu den Menschen gelangt und daß die einzelnen Glaubensgemeinschaften einig bleiben. Deshalb muß die Kirche nicht nur katholisch, sondern auch apostolisch sein.

Die römisch-katholische Kirche weiß, daß sie an den Glaubensspaltungen mitschuldig ist. Trotzdem hat sie das Erbe der Apostel so treu bewahrt, daß nur in ihr die von Jesus Christus gestiftete Kirche vollständig gegenwärtig ist.

Gemeinschaft der Heiligen, Vergebung der Sünden

Die Kirche ist eine Gemeinschaft. Zu dieser Gemeinschaft gehören nicht nur die Lebenden, sondern auch die Verstorbenen. Denn Jesus Christus hat die Schranke des Todes niedergerissen. Zur Gemeinschaft derer, die noch auf dem Weg sind, gehören auch die, welche bereits am Ziel sind: die Heiligen. Das Herz der Kirche ist Jesus Christus selbst. Er ist in den gottesdienstlichen Feiern durch die Kraft des Heiligen Geistes auf geheimnisvolle Weise gegenwärtig. Deshalb können wir die Worte des Glaubensbekenntnisses auch so übersetzen: Gemeinschaft *des* Heiligen. Die Kirche ist die Gemeinschaft, die von der Feier des heiligen Sakramentes lebt.

So ist die Kirche das Werk des Sohnes. Der Heilige Geist führt es auf Erden weiter, indem er alle Heiligung vollendet. Heiligung heißt: Aussöhnung mit Gott und den Menschen. Das Gegenteil davon ist die Sünde. Denn sie trennt die Menschen von Gott und untereinander. Deshalb eint und heiligt der Geist die Kirche, indem er die Vergebung der Sünden schenkt.

Auferstehung der Toten und das ewige Leben. Amen

Die Frucht der Sünde ist der Tod. Wo die Sünde vergeben ist, da ist ein Leben möglich, das stärker ist als der Tod. Deshalb erwarten wir die Auferstehung der Toten und das ewige Leben in der kommenden Welt. Der Heilige Geist schenkt uns damit nichts Eigenes, sondern das, was er von Jesus Christus erhalten hat. Denn die Vergebung der Sünden, die Versöhnung mit Gott und den Menschen, ist ja die Frucht seines Todes am Kreuz. Und weil Jesus auferstanden ist, haben wir die feste Hoffnung, daß wir mit ihm ewig leben werden.

Nach unserem Tod wird Jesus Christus jeden einzelnen persönlich richten. Wenn wir in unserem Leben die Liebe Gottes beantwortet und seinen Willen erfüllt haben, werden wir in die himmlische Kirche aufgenommen und von den Engeln willkommen geheißen. Dort dürfen wir in ewiger Glückseligkeit zusammen mit allen Engeln und Heiligen Gott schauen. Was das bedeutet, übersteigt unser Vorstellungsvermögen. Einen Hinweis darauf gibt uns die Bibel: "Was kein Auge gesehen und kein Ohr gehört hat, was keinem Menschen in den Sinn gekommen ist, hat Gott denen bereitet, die ihn lieben" (1 Kor 2, 9). Wenn wir zwar in der Freundschaft Gottes sterben, aber noch manche Reste des Egoismus an uns haften, bedürfen wir einer Reinigung, um in die Freude Gottes eingehen zu können; die Kirche nennt diese abschließende Läuterung Fegefeuer (Purgatorium).

Wir können nicht mit Gott vereint werden, wenn wir uns nicht freiwillig dafür entscheiden, ihn zu lieben. Wir können aber Gott nicht lieben, wenn wir uns gegen ihn, gegen unseren Nächsten oder gegen uns selbst schwer versündigen. Wenn wir in der Todsünde sterben, d. h. die schweren Sünden nicht bereuen und in der Abkehr von Gott verharren, bleiben wir durch unseren eigenen freien Entschluß für immer von Gott getrennt. Diesen Zustand der endgültigen Selbstausschließung aus der Gemeinschaft mit Gott und den Seligen nennt man "Hölle" (vgl. KKK 1033).

Auch das Glaubensbekenntnis endet mit dem Amen. Je mehr wir uns in die Geheimnisse unseres Glaubens vertiefen, desto freudiger werden wir dieses Amen sprechen. Ja, ich glaube und vertraue fest darauf, daß Gott, der Vater, der Sohn und der Heilige Geist, mich in meiner Kirche so reich beschenkt.

D. DIE SIEBEN SAKRAMENTE

Wir sind Christen. Wir glauben an Jesus Christus, der vor rund 2000 Jahren auf der Erde gelebt hat, der gestorben und auferstanden ist. Wir kennen ihn vor allem aus den Zeugnissen der Heiligen Schrift, der Bibel. Wir möchten ihm gerne persönlich begegnen. Ist das möglich? Ja, das ist möglich in den Feiern der Kirche, die Sakramente heißen. Das Wort stammt aus der lateinischen Sprache, "sacer", und hat mit dem Heiligen zu tun, d. h. mit dem, was Gott gehört. So sind die Sakramente heilige Handlungen, durch die wir Jesus Christus auf geheimnisvolle Weise und doch wirklich begegnen. Wir kennen sieben solche Handlungen:

1. **die Taufe**
2. **die Firmung**
3. **die Eucharistie**
4. **die Beichte**
5. **die Krankensalbung**
6. **das Weihesakrament**
7. **das Ehesakrament**

Die ersten drei Sakramente schenken uns eine immer tiefere Gemeinschaft mit Jesus Christus und seiner Kirche. Durch das vierte und fünfte Sakrament hilft uns der Herr in seelischer und leiblicher Not; denn er ist stärker als der seelische und der leibliche Tod. In den beiden letzten Sakramenten begegnet uns Christus als der, der seiner Kirche göttliches Leben schenkt und die eheliche Liebe zu einem Zeichen dieses göttlichen Lebens macht. So bilden die Sakramente die stärkste Form der Begegnung zwischen Jesus Christus und denen, die an ihn glauben. Für jeden einzelnen bezeichnen sie wesentliche Etappen einer persönlichen Lebens- und Glaubensgeschichte.

Zu jedem Sakrament gehören also ein äußeres Zeichen, das ich sehen, hören, spüren kann, und eine Wirkung, die unsichtbar ist und die ich nur im Glauben wahrnehmen kann. Von dieser unsichtbaren Wirkung sprechen die Gebete, welche die Zeichen begleiten.

Es ist die Kraft des Heiligen Geistes, die diese Begegnung mit Jesus Christus und durch ihn mit dem Vater möglich macht.

1. Die Taufe

Die Taufe ist unsere erste sakramentale Begegnung mit Jesus Christus. Er hat sich selbst von Johannes dem Täufer taufen lassen und seinen Jüngern die Taufe aufgetragen. Das äußere und sichtbare Zeichen ist das Wasser. Der Täufling wird mit Wasser übergossen oder ins Wasser eingetaucht.

Was bedeutet das Zeichen?

Das Wasser gehört zu den Ursymbolen der Menschheit. Ohne Wasser gibt es kein Leben. Es stillt nicht nur den Durst, sondern es reinigt und belebt auch. Vielleicht hat das Wasser die Menschen immer fasziniert, weil es beides kann: Leben spenden und Leben zerstören. Man kann aus einem Bad aufsteigen "wie neugeboren", man kann aber bei der gleichen Gelegenheit vom gleichen Element in den Tod hinabgezogen und begraben werden.

Im Wasser der Taufe begegnen wir Christus. Er ist für uns gestorben und zum ewigen Leben auferstanden. Wenn wir in der Taufe mit ihm sterben, werden wir auch mit ihm leben. Er stillt unseren Durst nach dem ewigen Leben. Der Tod, wie wir ihn erfahren, ist eine Folge der Sünde, der menschlichen Lieblosigkeit, der Trennung von Gott. Jesus hat durch seinen Tod am Kreuz die Sünden der Menschen wiedergutgemacht. Deshalb schenkt uns die Taufe die Vergebung aller Sünden. Auch das kleine Kind, das noch keine persönlichen Sünden begangen hat, wird aus dem Einflußbereich des Bösen befreit und gelangt in den Einflußbereich Gottes. Die Kirche spricht in diesem Zusammenhang von der Ur- oder Erbsünde, die durch die Taufe weggenommen wird.

Was bedeuten die Worte?

Die Taufe wird gespendet mit den Worten: “Ich taufe dich im Namen des Vaters und des Sohnes und des Heiligen Geistes.” Wenn wir getauft sind, dürfen wir mit Jesus Christus zu Gott “Vater” sagen. Wir heißen und sind ein “Kind Gottes” und damit auch ein Erbe des Himmels. Wir werden hineingenommen in die herzliche Beziehung von Jesus zu seinem Vater. Das gibt uns eine tiefe Geborgenheit, die durch nichts erschüttert werden kann. Wer getauft wird, gewinnt im Sohn Gottes den besten Freund. Der Freund, der sein Leben für mich eingesetzt hat, wird mich auch in den dunkelsten Stunden meines Lebens nicht verlassen. Ihm kann ich alles sagen, was mich freut und bedrängt. Mit ihm bin ich nie allein. Wer getauft ist auf den Namen des Sohnes, der gehört Jesus Christus. In der Taufe erfüllt mich zum ersten Mal der Heilige Geist mit seinem Leben und seiner Kraft. Er verbindet mich mit dem Vater und dem Sohn. Er nimmt mich auf in die Kirche, die Gemeinschaft der Getauften. Er lehrt mich, Gott und die Menschen so zu lieben wie Jesus Christus. Unser Leben auf dieser Erde ist vergänglich. Die Taufe schenkt uns den Anfang eines unvergänglichen Lebens, das Gott selbst uns gibt.

Taufe und Glaube

Sie gehören zusammen wie Wort und Antwort. Das Geschenk der Taufe annehmen, heißt glauben. Darum wird bei jeder Tauffeier der Glaube bezeugt. Da ein kleines Kind den Glauben noch nicht selbst bezeugen kann, tun dies an seiner Stelle die Eltern und Paten. Die Erwachsenen werden zuerst im Glauben unterrichtet und dann getauft. Wenn wir als kleines Kind die Taufe empfangen, müssen wir den Religionsunterricht später nachholen. Ein Kind kann erst dann getauft werden, wenn die Eltern und Paten bereit sind, es im Glauben zu erziehen. Deshalb geht heute der Taufe eines Kindes ein Gespräch mit den Eltern voraus.

Die Feier der Taufe

Die Taufe verbindet den Gläubigen in tiefer Weise mit dem Tod und der Auferstehung des Herrn. Deshalb wird sie in der Regel an solchen Tagen gespendet, an denen die Kirche in besonderer Weise an diese Ereignisse denkt, vor allem an Ostern, aber auch an den übrigen Sonntagen des Jahres.

Wenn die Taufe nicht während der Heiligen Messe gespendet wird, verbindet die Kirche sie mit einem Wortgottesdienst. So können sich alle Teilnehmer auf ihre Bedeutung besinnen. Danach wird die Stirne des Täuflings mit dem Kreuzzeichen bezeichnet. Der erste Buchstabe des Namens "Christos", das griechische Chi, hat die Form eines (Andreas-)Kreuzes. Wenn die Eltern am Abend dieses Zeichen über dem Kind wiederholen, dann wollen sie sagen: Du gehörst ja nicht nur mir, du gehörst seit deiner Taufe dem, der für dich gestorben und auferstanden ist. In den Fürbitten beten alle Anwesenden für das Kind. Sie rufen dabei auch die Heiligen an. Denn mit der Taufe treten wir ein in die Gemeinschaft der Heiligen. Diese sind unsere Fürsprecher bei Gott und unsere Vorbilder im Glauben. Das Gebet über dem Taufwasser erinnert an die große Bedeutung der Taufe. Glauben heißt "Ja" sagen zu Gott. Es heißt aber auch "Nein" sagen zum Bösen und seinem Urheber, dem Teufel. Deshalb kommt vor dem Glaubensbekenntnis eine Absage an den Teufel und alle Verlockungen des Bösen. Nach der Taufe wird der Täufling auf dem Scheitel mit Öl gesalbt; denn er gehört nun zu Christus, dem Gesalbten. Das weiße Taufkleid ist ein Zeichen dafür, daß der Getaufte gleichsam neu geboren ist und Christus angezogen hat wie ein neues Kleid. Die brennende Taufkerze zeigt auf ihre Weise, was in der Taufe geschehen ist: Christus, das Licht der Welt, hat diesen Menschen erleuchtet. Er soll nun als Kind des Lichtes leben; er soll sich im Glauben bewähren und Christus und allen Heiligen entgegengehen, wenn er kommt in Herrlichkeit. Zum Schluß beten alle das Vaterunser. Alle Getauften dürfen ja zu Gott Vater sagen, so wie Jesus es uns gelehrt hat.

Bei der Formel der Taufspendung wird das Amen weggelassen. Das ganze Leben des Getauften muß das Amen sein zum Geschenk der Taufe. So ist die Gabe der Taufe die große Lebensaufgabe. Es gilt, nach dem Wort und Beispiel von Jesus zu leben: Gott und den Nächsten von ganzem Herzen zu lieben. Wer getauft ist, wird in seinem Leben für das Gute und gegen die Macht des Bösen kämpfen.

Die Nottaufe

Die Taufe ist notwendig. Jesus sagt: “Wer glaubt und sich taufen läßt, wird gerettet; wer aber nicht glaubt, wird verdammt werden” (Mk 16, 16). Das heißt: Wer wider besseres Wissen Jesus ablehnt, der muß mit einer entsprechenden Strafe rechnen. Weil die Taufe so wichtig ist, kann sie bei akuter Lebensgefahr jeder Mensch spenden. Er muß nur die Absicht haben, im Sinne der Kirche zu handeln. Man gießt Wasser über den Kopf des Täuflings und spricht dazu die Worte: “Ich taufe dich im Namen des Vaters und des Sohnes und des Heiligen Geistes.” Wenn es möglich ist, betet man vorher das

Glaubensbekenntnis und nachher das Vaterunser. Die ohne Taufe verstorbenen Kinder vertraut die Kirche der großen Barmherzigkeit Gottes an (vgl. KKK 1261).

Die Tauferinnerung

Unsere Taufe ist etwas ganz Kostbares. Deshalb sollen wir uns immer wieder daran erinnern, daß wir getauft sind, zum Beispiel:

- an unserem Tauftag,
- wenn wir das Taufversprechen erneuern (Osternacht, Erstkommunion, Firmung),
- wenn wir das Kreuzzeichen machen,
- wenn wir Weihwasser nehmen,
- wenn wir das Glaubensbekenntnis und
- wenn wir das Vaterunser sprechen, besonders
- wenn wir am Sonntag die Heilige Messe mitfeiern

Dankgebet für die Taufe

Ich danke dir, Vater im Himmel, daß ich in der Taufe neu geboren wurde. Ich darf mich dein Kind nennen, denn du hast mich aus Schuld und Tod gerufen und mir Anteil an deinem Leben geschenkt.

Ich danke dir, Jesus Christus, Sohn des Vaters, für deinen Tod und deine Auferstehung. Ich bin ganz mit dir verbunden und aufgenommen in die Kirche zum Lob der Herrlichkeit des Vaters.

Ich danke dir, Heiliger Geist, daß deine Liebe ausgegossen ist in unsere Herzen. Du lebst in mir und willst mich führen zu einem Leben, das Gott bezeugt und den Menschen dient. Amen.

2. Die Firmung

Nach seiner Auferstehung hat Jesus seinen Jüngern am Pfingsttag den Heiligen Geist gesandt. Bei der Firmung empfangen auch wir den Heiligen Geist. Jesus begegnet uns als der, welcher uns vom Vater den Geist sendet. Das äußere Zeichen der Firmung ist die Salbung mit heiligem Öl (Chrisam), wobei gleichzeitig die Hand aufgelegt wird.

Was bedeuten die Zeichen?

Salben hat zu tun mit Pflege, Kräftigung und Heilung. Wenn früher ein König oder Priester gesalbt wurde, dann wollte man damit sagen: Er steht in einer ganz besonderen Verbindung mit Gott. Wenn ein Christ gesalbt wird, heißt das: Er steht in einer ganz besonderen Beziehung zu Jesus Christus, dem Gesalbten. Das Zeichen der Handauflegung bedeutet: Ich bin mit diesem Menschen in Kontakt, ich gebe ihm etwas weiter, ich trage ihm etwas auf. Von Petrus und Johannes lesen wir in der Apostelgeschichte, daß sie nach einem Gebet um den Heiligen Geist den Gläubigen in Samaria die Hände auflegten. Diese empfingen darauf den Heiligen Geist (Apg 8, 17).

Was bedeuten die Worte?

Die Firmung wird gespendet mit den Worten: “Sei besiegelt durch die Gabe Gottes, den Heiligen Geist.” Im alten Orient ersetzte das Siegel die Unterschrift. Das Zeichen vertrat die Persönlichkeit besser als der Name. Ich gehöre dem, dessen Siegel ich trage. Wenn uns mit Chrisam ein Kreuz auf die Stirne gezeichnet wird, dann tragen wir das Siegel des Gekreuzigten.

Das Wort “Firmung” bedeutet Stärkung. Wir erhalten den Heiligen Geist, damit er unseren Glauben stark macht. Er macht uns Christus ähnlicher. Er hilft uns, auch dann noch zu ihm zu stehen, wenn es uns einmal schwerfallen sollte. So hilft er uns im Kampf gegen das Böse. Er schenkt uns die Liebe des Vaters und des Sohnes, damit wir uns untereinander besser verstehen. Er steht uns bei, damit wir den rechten Weg in unserem Leben finden und erkennen, was Gott uns sagen will. Mit seiner Hilfe können wir auch anderen richtig helfen.

Taufe und Firmung gehören eng zusammen

Auch Jesus ist nach seiner Taufe vom Heiligen Geist erfüllt worden (Mt 3, 16). In der ersten Zeit der Kirche hat man die Neugetauften sofort nach dem Taufbad dem Bischof vorgestellt, damit er sie firmt. Bei uns empfangen nur noch die Erwachsenen die Taufe und die Firmung zusammen, in der Ostkirche auch die Kinder. Um den Zusammenhang mit der Taufe bewußt zu machen, erneuern wir vor der Firmung das Taufversprechen – mit dem wichtigen Unterschied, daß wir jetzt die Antworten selber geben können, die damals unsere Eltern und Paten für uns gegeben haben. Wir sind alt genug, um dem Bösen (Satan, Teufel) unsere Absage zu erteilen und unseren Glauben an Gott zu bekennen.

Wer spendet die Firmung?

Als Nachfolger der Apostel sind die Bischöfe die ursprünglichen Spender der Firmung. Sie können aber auch andere Priester damit beauftragen. Das Öl, das sie verwenden, ist jedoch immer vom Bischof geweiht. Wenn der Bischof (oder sein Vertreter) zur Firmung kommt, kommt er im Auftrag von Jesus. Es ist eigentlich Jesus, der uns sagt: “Sei besiegelt durch die Gabe Gottes, den Heiligen Geist.” Er bringt uns vom Vater den Geist. Der Bischof ruft uns auch in Erinnerung, daß die Kirche größer ist als unsere Pfarrei. Durch den Bischof sind wir verbunden mit den anderen Pfarreien des Bistums und mit den anderen Bistümern (Diözesen) der Weltkirche.

Die Feier der Firmung

In der Regel wird die Firmung während einer Meßfeier gespendet. Der Bischof betet mit allen Gläubigen um den Heiligen Geist und all seine Gaben. So wie der Verlobungs- oder Hochzeitstag ein entscheidender und prägender Markstein in der Liebesgeschichte von zwei Menschen ist, so ist der Firmtag ein Markstein in unserer Liebesgeschichte mit Gott. Wir werden durch den Heiligen Geist enger mit Gott und der Kirche verbunden. Wer sich firmen läßt, sagt damit: Ja, ich will mich in meinem Leben vom Geist Gottes leiten lassen.

Gebet nach der Firmung

“Gütiger Gott, stärke und bewahre, was Du in uns gewirkt hast. Erhalte die Gaben des Heiligen Geistes in den Herzen Deiner Gläubigen, damit sie vor aller Welt Christus, den Gekreuzigten, bekennen, Ihn lieben und Seine Gebote erfüllen. Durch Christus, unseren Herrn. Amen.“

3. Die Eucharistie

"Eucharistie" ist ein griechisches Wort und bedeutet "Gebet", besonders "Danksagung". Wenn wir Eucharistie feiern, danken wir Gott für alles Gute, das er uns durch Jesus Christus tut. Wir nehmen teil am großen Dankgebet, das Jesus seinem Vater schenkt, weil er ihn aus dem Tod befreit hat.

Hier ist mit Eucharistie die ganze Heilige Messe gemeint, obwohl im eigentlichen Sinn nur der zweite Teil diesen Namen trägt.

Wie in allen Sakramenten begegnet uns Jesus Christus auch in der Heiligen Messe oder Eucharistiefeier; ja, hier sogar auf eine besonders tiefe Weise. Durch ihn spricht Gott zu uns, durch ihn handelt Gott an uns. Und was tun wir dabei? Wir geben unsere Antwort im Gebet und mit unserem Leben.

Von der Feier im Abendmahlssaal zur Gestalt der Heiligen Messe

Das Geheimnis der Eucharistie wurde von Jesus im Abendmahlssaal gestiftet. Die ersten Christen waren Juden. Sie nahmen teil an den Gottesdiensten in den jüdischen Gebetshäusern (Synagogen). Man las in den heiligen Schriften, sang die Lieder des Alten Testamentes (Psalmen) und sprach die vorgeschriebenen Gebete.

Das Zeichen...

Am Abend trafen sich die Christen in ihren eigenen Häusern, vor allem am Sonntagabend. Sie taten das, was Jesus ihnen beim letzten Abendmahl aufgetragen hatte: "Tut dies zu meinem Gedächtnis." Was hatte Jesus beim Abendmahl getan? Er hatte – wie jeder jüdische Hausvater – das festliche Mahl mit einem Tischgebet eingeleitet und mit einem Gebet beendet. Beim jüdischen Tischgebet vor dem Essen wird ein flaches Brot (Mazzen) gebrochen, ausgeteilt und gegessen. Beim Gebet nach dem Essen wird ein Weinbecher herumgereicht. All das hat auch Jesus getan. Jesus nahm das Brot und sagte Dank, brach es und reichte es seinen Jüngern... Ebenso nahm er nach dem Mahl den Kelch, dankte wiederum und reichte ihn seinen Jüngern.

...und die Worte

Das Besondere dabei waren seine Worte. Er gab dem Zeichen des Brotes und dem Zeichen des Weines eine neue Bedeutung. Er reichte das Brot mit den Worten: "Nehmet und esset alle davon: Das *ist* mein Leib, der für euch hingegeben wird." Er reichte seinen Jüngern den Kelch und sprach: "Nehmet und trinket alle daraus: Das ist der Kelch des neuen und ewigen Bundes, mein Blut, das für euch und für alle vergossen wird zur Vergebung der Sünden." Wenn der Sohn Gottes solche Worte spricht, dann erhalten die Zeichen von Brot und Wein jedoch nicht nur eine neue Bedeutung; sie werden vielmehr eine neue Wirklichkeit: Sie werden Leib und Blut Christi. So hat Jesus beim Tischgebet die Eucharistie eingesetzt. Indem Jesus so sprach und seinen Jüngern im Brot und im Wein seinen Leib und sein Blut reichte, vereinigte er sich mit ihnen. Also nicht das Mahl, das sie aßen, um satt zu werden und miteinander fröhlich zu sein, hat Jesus zum Zeichen seiner Vereinigung mit den Menschen gemacht, sondern die Gaben, die beim Tischgebet gereicht wurden.

Das Abendmahl verbindet sich mit dem Synagogengottesdienst

Das Gebet vor und nach dem Mahl wurde von den Jüngern bald zusammengefaßt. Sie feierten die Eucharistie erst, nachdem sie miteinander gegessen hatten. Dann ergriffen sie das Brot und den Kelch und führten den Auftrag von Jesus Christus aus. Einige Jahrzehnte später trennten sie das Mahl ganz von der Eucharistie ab. Dafür verbanden sie die Eucharistie mit dem Wortgottesdienst, den sie aus der Synagoge kannten. Damit war das entstanden, was wir Heilige Messe nennen. Heute noch besteht die Meßfeier aus zwei Teilen: dem Wortgottesdienst und der Eucharistiefeier im engeren Sinn. Der Wortgottesdienst wird vorbereitet durch die Eröffnung. Die Eucharistiefeier klingt aus mit der Entlassung.

Die Eröffnung der Meßfeier

Vor der Begegnung mit Jesus Christus sammeln sich die Gläubigen äußerlich und innerlich. Damit sie mit reinem Herzen feiern können, bitten sie Gott und einander um Vergebung. Mit Liedern und Gebeten begrüßen sie den Herrn. Denn Jesus hat gesagt: “Wo zwei oder drei in meinem Namen versammelt sind, da bin ich mitten unter ihnen” (Mt 18, 20).

Der Wortgottesdienst

In ihm hören wir auf Gottes Wort. Denn die Heilige Schrift, aus der Lesungen und das Evangelium vorgetragen werden, enthält und ist Gottes Wort. Lukas schreibt: “So kam Jesus auch nach Nazaret, wo er aufgewachsen war. Er ging nach seiner Gewohnheit am Sabbat (Samstag) in die Synagoge. Als er aufstand, um aus der Schrift vorzulesen, reichte man ihm das Buch des Propheten

Jesaja. Er schlug das Buch auf und fand die Stelle, wo geschrieben steht: 'Der Geist des Herrn ruht auf mir, denn er hat mich gesalbt. Er hat mich gesandt, um den Armen die Heilsbotschaft zu bringen, um den Gefangenen die Freiheit und den Blinden das Augenlicht zu verkünden, um die Zerschlagenen in Freiheit zu setzen und ein Gnadenjahr des Herrn auszurufen.' Dann schloß er das Buch, gab es dem Synagogendiener und setzte sich. Und die Augen aller, die in der Synagoge waren, waren auf ihn gerichtet. Da begann er, ihnen zu beweisen: Heute hat sich das Schriftwort, das ihr eben gehört habt, erfüllt" (Lk 4, 16-21). Was hier berichtet wird, geschieht in jedem Wortgottesdienst: Gott spricht zu uns durch Jesus Christus. Er sagt uns, daß er uns liebt und sich unser annimmt. Er spricht nicht nur durch Jesu Worte zu uns, sondern auch durch seine Taten, durch sein ganzes Leben und Sterben.

Wir beantworten das Wort Gottes mit Liedern und Gebeten. Wir passen gut auf, damit wir verstehen, was Gott uns durch Jesus Christus heute sagen will. Wir geben unsere Zustimmung mit dem Glaubensbekenntnis. Wir beten für andere und für uns um ein Leben, das der Frohbotschaft (= Evangelium) entspricht.

Die Eucharistiefeier: Geheimnis des Glaubens

Nun beginnt die Eucharistiefeier im engeren Sinn. Sie ist das größte und wohl schönste Geheimnis unseres Glaubens. Jesus schenkt sein ganzes Leben, sich selbst, für uns hin – wie er es vor 2000 Jahren am Kreuz getan hat. "Leib" und "Blut" nennt er diese Gaben, die wir empfangen sollen. "Das ist mein Leib" heißt: Das bin ich, leibhaftig und wirklich. "Das ist mein Blut" heißt: Das bin ich, eine lebendige Person. Mein Leib wird hingegeben, mein Blut wird vergossen: Auf unblutige Weise wird mein Opfer am Kreuz erneut geheimnisvolle, wirkliche Gegenwart. So verkünden wir in jeder Eucharistiefeier den Tod des Herrn und damit seine Liebe zu uns. Denn "es gibt keine größere Liebe, als wenn einer sein Leben für seine Freunde hingibt" (Joh 15, 13).

Eucharistiefeier: Gemeinschaft mit Gott

Doch er kann nur hier und jetzt in der Eucharistiefeier unter uns gegenwärtig sein, wenn er nicht im Tod geblieben ist, wenn er den Tod besiegt hat und lebt. Dies ist geschehen: Am dritten Tag ist er auferstanden von den Toten. Deshalb preisen wir in jeder Eucharistiefeier seine Auferstehung.

Durch Jesus Christus will Gott auch uns ein Leben schenken, das stärker ist als der Tod. Er will uns hineinnehmen in die Gemeinschaft des Vaters, des Sohnes und des Heiligen Geistes.

Es ist das größte Glück des Menschen, Gemeinschaft mit Gott zu haben. Das gibt seinem Leben Sinn und erfüllt ihn jetzt schon mit Freude. Gott selbst kam in Jesus zu uns. Um alles menschliche Leben und Sterben mit Gott zu verbinden, hat sich Jesus Christus bis zum Äußersten für die Menschen hingegeben, bis zum Tod am Kreuz. In jeder Heiligen Messe will Jesus uns seine übergroße Liebe schenken. Das geschieht wirklich und leibhaftig – er ist ja wirklich und leibhaftig, wenn auch verborgen gegenwärtig –, inniger als wenn Menschen einander liebhaben.

Wenn der Herr am Ende unserer Zeit in Herrlichkeit kommt, dann werden wir die Gemeinschaft mit ihm unverhüllt erleben. In der Eucharistiefeier haben wir jetzt schon durch den Heiligen Geist verborgen Anteil an dem, "was kein Auge gesehen und kein Ohr gehört hat" (1 Kor 2, 9). Mit allen Engeln und Heiligen stimmen wir jetzt schon ein in den Lobgesang der himmlischen Liturgie.

Die drei Teile der Eucharistiefeier

Beim letzten Abendmahl werden von Jesus drei Tätigkeiten berichtet:

- nehmen
- danken
- brechen und reichen

Diesen drei Tätigkeiten entsprechen die drei Teile der Eucharistiefeier:

- Gabenbereitung (Opferung)
- Hochgebet (Wandlung)
- Kommunion

Die Gabenbereitung und Opferung

Bei der Gabenbereitung sollen nicht nur die Gaben von Brot und Wein bereit gemacht werden, sondern auch unsere Herzen. Wenn Jesus sich selbst seinem Vater schenkt, dann wollen auch wir uns ihm schenken mit allem, was wir haben und sind. So gesehen ist das Brot ein Zeichen für all unsere Mühe und Arbeit, der Wein ein Zeichen für Freud und Leid. Auch eine Geldspende kann ein Zeichen unserer Liebe zu Gott und den Menschen sein. Es geht darum, daß wir uns mit unserem ganzen Leben hineingeben in das Opfer Christi.

Das Hochgebet und die Wandlung

Im Auftrag von Jesus und an seiner Stelle spricht der Priester dann das Hochgebet, das große Lob-, Dank- und Bittgebet zum Vater. Er dankt dem Vater für seine Liebe zu uns Menschen; er dankt vor allem für Jesus Christus. Er bittet darum, daß der Heilige Geist die Gaben von Brot und Wein in den Leib und das Blut von Jesus Christus verwandelt. Er wiederholt die Worte, die Jesus im Abendmahlssaal über Brot und Wein gesprochen hat und erinnert an seinen Tod und seine Auferstehung. Dann bittet er wieder den Heiligen Geist, er möge auch unsere Herzen verwandeln, wenn wir Jesus Christus empfangen, damit wir ihm immer ähnlicher werden.

Wie Jesus selbst in seinem Abschiedsgebet für seine Jünger und alle Glaubenden gebetet hat, geht auch im Hochgebet der Dank über in die Bitte für die ganze Kirche, daß sie in der Liebe geeint und im Frieden ihren Auftrag in der Welt erfülle. Die Fürbitte macht auch an der Grenze des Todes nicht halt. Denn wir denken auch an die Verstorbenen und bitten Gott, er möge ihnen in der Gemeinschaft aller heiligen Männer, Frauen und Kinder das ewige Leben schenken.

Durch seinen Tod am Kreuz hat Jesus Christus, selber ganz Gott und ganz Mensch, die innigste Gemeinschaft zwischen Gott und Mensch möglich gemacht. Er hat den neuen und ewigen Bund gestiftet. Mit ihm dürfen wir vor Gott stehen und mit ihm uns Gott schenken. Ja, mehr noch: Wir dürfen das in ihm tun. Denn in der heiligen Kommunion vereinigt er sich so mit uns, daß wir mit dem Apostel Paulus sagen können: Nicht mehr ich lebe, sondern Christus lebt in mir. Dies ist möglich in der Kraft des Heiligen Geistes. Darum endet das Hochgebet mit den Worten:

“Durch ihn (Christus, gegenwärtig im verwandelten Brot und Wein) und mit ihm und in ihm ist dir, Gott, allmächtiger Vater, in der Einheit des Heiligen Geistes alle Herrlichkeit und Ehre jetzt und in Ewigkeit.”

Die Versammelten antworten “Amen”. Das heißt: So ist es. Das ist unser Glaube. Dazu sagen wir ja und vertrauen ganz auf Gott.

Die Kommunion

Zu Beginn sprechen alle in diesem Vertrauen das Vaterunser, das Gebet, das Jesus uns gelehrt hat (Mt 6, 9-13). Sie bitten um das tägliche Brot und denken dabei auch an das verwandelte Brot auf dem Altar. Denn Jesus hat gesagt: “Ich bin das lebendige Brot, das vom Himmel herabgekommen ist. Wer von diesem Brot ißt, wird in Ewigkeit leben. Das Brot, das ich geben werde, ist mein Fleisch für das Leben der Welt” (Joh 6, 54).

Weil wir mit Jesus in der Kommunion nur Gemeinschaft haben können, wenn wir auch untereinander einig sind, bitten wir vor der Kommunion um seinen Frieden.

Das Brot wird gebrochen. Die von dem einen Brot essen, werden zu dem einen Leib Christi, der die Kirche ist.

In der heiligen Kommunion empfangen wir Jesus Christus. Das lateinische Wort leitet sich von unio = Einheit ab und heißt: Vereinigung, Gemeinschaft. Jesus Christus schenkt mir seine Gemeinschaft. Er begegnet mir ganz persönlich – noch viel mehr als ein guter Freund. Jesus ist da. Ich sehe ihn an. Er sieht mich an. Er will jetzt etwas in mir tun. Was dunkel ist, will er hell machen. Was schwach ist, will er stark machen. Was traurig ist, will er froh machen. Ich halte mich ihm still hin – wie ich mich zum Beispiel in die Sonne lege, um mich einfach nur von ihr bescheinen zu lassen.

Die Kommunion schenkt mir auch eine tiefe Gemeinschaft mit allen anderen, die kommunizieren; mit allen, die zur Kirche gehören. So ist die Kommunion das wichtigste Band der Einheit der Kirche. Wenn der Priester die Kommunion reicht mit den Worten: "Das *ist* der Leib (das Blut) Christi", dann kann die Antwort nur lauten: "Amen." Ja, ich glaube, daß ich das werde, was ich empfange: Leib Christi. In den sichtbaren Gestalten von Brot und Wein vereinige ich mich auf unsichtbare, geheimnisvolle und doch wirkliche Weise mit dem gekreuzigten und auferstandenen Herrn Jesus Christus, der sich für mich hingibt.

Unseren Dank für diese Begegnung kann ein Lied zum Ausdruck bringen; das Schlußgebet wird ihn zusammenfassen.

Segen und Entlassung

Reich beschenkt werden wir entlassen. Wir gehen auseinander, um aus dem, was wir empfangen haben, zu leben und es weiterzugeben. "Liebt einander, wie ich euch geliebt habe", sagt Jesus (Joh 13, 34). Auch unsere Liebe soll so grenzenlos sein und das Äußerste wagen. Doch das können wir nur, weil wir in ihm geborgen sind, weil er sich mit uns vereinigt hat und wir seine Gnade und Kraft empfangen haben.

Im Wort "Messe", das einen lateinischen Ursprung hat, birgt wie im Wort "Mission" das Wort "senden". Jesus segnet uns und schickt uns in die Welt hinaus, damit wir seinem Beispiel folgen und seinen Frieden und seine Freude verbreiten. Dann werden wir selbst für andere zu einem Segen.

4. Die Beichte

Wer Jesus kennt und ihm wirklich begegnet ist, der wird sein Leben ändern müssen. Die erste und grundlegende Umkehr geschieht bei der Taufe. Denn die Taufe nimmt alles weg, was uns von Gott trennt. Weil wir göttliches Leben empfangen, ist unser Leben ganz auf Gott hingeordnet. Doch nach der Taufe werden wir oft rückfällig. Wir denken mehr an uns selbst als an Gott und an die Mitmenschen. Wir tun Böses und unterlassen Gutes. Indem wir uns von Gott und von den Mitmenschen abwenden, sündigen wir. Deshalb müssen wir immer wieder umkehren und uns von neuem in Liebe Gott und den Menschen zuwenden. Ja, es ist sogar so: Je mehr wir erkennen, wie groß die Liebe von Jesus zu seinem Vater und zu uns Menschen ist, desto besser erkennen wir unsere eigene Lieblosigkeit.

Jede Sünde erfordert die Versöhnung mit den Menschen...

Jesus hat durch seinen Gehorsam bis zum Tod am Kreuz unseren Ungehorsam wiedergutgemacht. So hat Gott der Welt durch seinen Sohn Frieden, Vergebung und Gemeinschaft geschenkt. Wir leben alle von der Vergebung Gottes. Deshalb sollen wir unsererseits all denen verzeihen, die uns Böses getan oder Gutes schuldig geblieben sind. Wenn wir selber anderen Unrecht getan haben, sollen wir uns um die Versöhnung bemühen.

...mit Gott und der Kirche

Jede Lieblosigkeit gegen einen Menschen ist auch eine Lieblosigkeit gegen Gott, der jeden Menschen zur Liebe berufen hat. "Vater, ich habe mich gegen den Himmel

(Gott) und gegen dich versündigt", sagt der verlorene Sohn des Gleichnisses, nachdem er das Erbe seines Vaters verschleudert hat (Lk 15, 21). Wenn wir sündigen, belasten wir auch die Gemeinschaft der Kirche. Denn die Güte Gottes, die in der Kirche und durch sie am Werk ist, kann sich an dieser Stelle nicht weiter ausbreiten. Mit seinem bösen Tun stellt sich der Christ außerhalb der Gemeinschaft derer, die Gott und einander so lieben, wie es Jesus Christus uns ermöglicht hat. Deshalb müssen wir nach einer Sünde nicht nur das Unrecht wiedergutmachen, sondern uns auch mit Gott und der Kirche wieder versöhnen lassen. Dies geschieht in der Beichte.

Der Priester handelt im Namen von Jesus und der Kirche

In der persönlichen Begegnung mit dem Priester begegne ich Jesus Christus, der durch seine Liebe bis zum Tod auch meine Lieblosigkeit wiedergutgemacht hat. Durch den Priester sagt er zu mir: "Deine Sünden sind dir vergeben". Denn nach seiner Auferstehung hat Jesus seinen Jüngern die Vollmacht gegeben, die Sünden in seinem Namen zu vergeben: "Jesus sagte noch einmal zu ihnen: Friede sei mit euch! Wie mich der Vater gesandt hat, so sende ich euch. Nachdem er das gesagt hatte, hauchte er sie an und sprach zu ihnen: Empfangt den Heiligen Geist! Wem ihr die Sünden vergebt, dem sind sie vergeben; wem ihr die Vergebung verweigert, dem ist sie verweigert" (Joh 20, 21-22). Die Apostel haben diese Vollmacht den Bischöfen und die Bischöfe den Priestern weitergegeben. Weil der Priester nicht nur im Namen von Jesus handelt, sondern auch im Namen der Kirche, schenkt er mir in der Beichte nicht nur den Frieden Gottes, sondern auch den Frieden mit der Kirche.

Die einzelnen Teile der Beichte

Die Gewissenserforschung

Zur Beichte gehören verschiedene Schritte. Zuerst wird uns langsam oder plötzlich bewußt: Ich bin ein sündiger Mensch. Ich habe Gott und die Menschen nicht so geliebt, wie ich es hätte tun müssen und tun können. Es gibt da in meinem Leben dunkle Punkte, über die ich nicht gerne spreche und die mich belasten.

Die Reue

Diese Einsicht führt uns zum nächsten Schritt. Wir bereuen das Böse, das wir getan, und das Gute, das wir unterlassen haben. Die Reue ist mehr als ein Gefühl. Betroffen von der Liebe Gottes, wende ich mich entschieden von allem ab, was in meinem Leben nicht in Ordnung ist. Ich nehme mir ernsthaft vor, mein Leben neu auf Gott und seinen Willen auszurichten.

Das persönliche Bekenntnis

Jetzt sind wir soweit, daß wir den dritten Schritt tun können. Es ist für die meisten der schwierigste Schritt. Indem wir dem Priester offen und ehrlich sagen, was wir Böses getan und Gutes unterlassen haben, bringen wir unsere Sünden ans Licht. Die eigenen Fehler zuzugeben, das kostet Überwindung. Aber wir wissen aus Erfahrung, daß es uns gut tut, das aussprechen zu dürfen, was uns das Leben schwer macht. Jeder Sünder ist im Grunde ein Egoist, und jeder Egoist ist einsam. Wenn ich meine Sünden bekenne, öffne ich voll Vertrauen mein Inneres wenigstens für einen Menschen und fange dadurch an, wieder gemeinschaftsfähig zu werden. Das gilt für jede

Bitte um Verzeihung, für jedes Gespräch bei einem Arzt oder jedes Geständnis vor einem Richter. Bei der Beichte kommt noch etwas Weiteres und Entscheidendes dazu. Weil der Priester in einem bestimmten Sinn Gott vertritt, bekenne ich meine Sünden vor Gott. Ich kann das tun, weil ich weiß, daß Gott mir verzeihen will. Jedes Bekenntnis meiner Sünden ist gleichzeitig ein Bekenntnis zur großen Barmherzigkeit Gottes. Es ist ein Zeugnis meines Glaubens, daß die Liebe Gottes zu uns nicht vor unserer Sünde Halt macht. Weil wir das wissen, brauchen wir unsere dunkle Vergangenheit weder zu verheimlichen noch zu verdrängen. Wir dürfen sie vielmehr annehmen und von Jesus Christus selbst in der Beichte heilen lassen. Denn gerade in den Schwächen und Bosheiten, die wir in der Beichte beim Namen nennen und so ihm anvertrauen, will er uns in besonderer Weise beistehen.

Der Zuspruch des Priesters und das Bußwerk

Im Beichtgespräch kann der Priester uns helfen, unsere Verantwortung Gott und den Menschen gegenüber besser zu erkennen. Er kann uns einen Hinweis geben, wie wir bestimmte Sünden in Zukunft meiden können. Dann schlägt er uns ein bestimmtes Bußwerk vor. Das kann ein Gebet, eine Lektüre sein, ein Verzicht, ein Dienst oder eine Freude, die wir einem Mitmenschen bereiten sollen. Damit das Bußwerk eine Hilfe zu einem neuen Leben und ein Heilmittel gegen unsere Schwachheiten ist, soll es der Schwere und Eigenart unserer Sünden entsprechen. Indem wir ein solches Bußwerk annehmen, zeigen wir unseren guten Willen und unsere Dankbarkeit dem barmherzigen Gott gegenüber.

Die Lossprechung

Nachdem der Priester den Beichtenden eingeladen hat, mit einem Gebet seine Reue zum Ausdruck zu bringen, folgt als nächster Schritt die Lossprechung. Das ist der befreiende und erlösende Augenblick, wo wir durch den Priester von Gott die Vergebung unserer Sünden empfangen. Der Priester streckt seine Hände über das Haupt des Gläubigen aus und spricht: "Gott, der barmherzige Vater, hat durch den Tod und die Auferstehung seines Sohnes die Welt mit sich versöhnt und den Heiligen Geist gesandt zur Vergebung der Sünden. Durch den Dienst der Kirche schenke er dir Verzeihung und Frieden. So spreche ich dich los von deinen Sünden im Namen des Vaters und des Sohnes und des Heiligen Geistes." Der Gläubige antwortet: "Amen."

Das Gebet zeigt uns, daß bei der Vergebung der Beichte – wie bei der Taufe – der Vater, der Sohn und der Heilige Geist beteiligt sind. Weil der Vater die Menschen mit sich versöhnen wollte, hat er seinen Sohn gesandt. Der Sohn hat durch die Hingabe seines Lebens aus Liebe zu uns die Versöhnung erwirkt. Da der Priester durch die Priesterweihe die Kraft des Heiligen Geistes empfangen hat, kann er uns von unseren Sünden lossprechen. Wir erhalten Verzeihung und Frieden durch den Dienst der Kirche.

Die Danksagung

Der letzte Schritt der Beichte besteht darin, daß der Gläubige die Barmherzigkeit Gottes preist und Gott für die Vergebung der Sünden dankt, nicht nur im Gebet, sondern auch im Leben. Er wird sich bemühen, zu einer immer größeren Liebe zu Gott und den Menschen zu gelangen.

Weil die Beichte in einem gewissen Sinn das persönlichste Sakrament ist, ist sie auch das verletzlichste. Denn Menschen, die ihr Herz öffnen, sind verwundbar. Um so wichtiger ist es, daß die Priester den Beichtenden so begegnen, wie Jesus selbst den Sündern begegnet ist: voll Güte und Freundlichkeit. Zum Schutz der Beichtenden sind die Priester durch das Beichtgeheimnis an die absolute Verschwiegenheit gebunden.

Andere Möglichkeiten, um Vergebung zu erlangen

Die Beichte ist nicht die einzige Möglichkeit, die Vergebung der Sünden zu empfangen. Gott verzeiht uns auch, wenn wir ihn im Gebet darum bitten, wenn wir auf sein Wort hören, wenn wir Gutes tun und wenn wir Eucharistie feiern. Es gibt aber nichts, was uns die Barmherzigkeit Gottes so tief erfahren läßt wie die Beichte. Deshalb ist die persönliche Beichte für den katholischen Christen der normale Weg, die Vergebung seiner Sünden zu empfangen.

Wie oft muß man beichten?

Wer sich durch schwere Sünde von der Gemeinschaft der Liebe Gottes getrennt hat, muß sobald wie möglich zur persönlichen Beichte gehen. All denjenigen, die durch leichte Sünden ihre Liebe zu Gott und den Menschen geschwächt haben, ist die regelmäßige Beichte sehr empfohlen (mindestens einmal jährlich). Eine Bußfeier, bei der das persönliche Bekenntnis fehlt und die Lossprechung allen zugleich erteilt wird (Generalabsolution), ist nur dort möglich, wo Gläubige nicht beichten können, obwohl sie es wollen – sei es, daß sie in Todesgefahr sind, sei es, daß zu wenige Priester zur Verfügung stehen und die Gläubigen deshalb für lange Zeit die Sakramente entbehren müßten. In jedem Fall müssen die Gläubigen zwischen zwei Bußfeiern mit Generalabsolution auch einmal persönlich beichten.

Die Beichte: heilige und heilende Begegnung

Wenn wir uns vergegenwärtigen, daß die Beichte das Ostergeschenk Jesu für seine Kirche ist, dann wird sie für uns mehr ein Anlaß zur Freude als zur Bedrängnis sein. Ist es nicht heilsam, in der Massengesellschaft, in der wir leben, ein Wort zu hören, das uns ganz persönlich meint? Ist es nicht wundervoll, in einer Zeit, wo so viele persönliche Begegnungen mißlingen und heillos sind, immer wieder in der Beichte eine heilende und heilige Begegnung zu erfahren!

5. Die Krankensalbung

Warum gibt es Krankheiten?

Eine ernste Krankheit kann einen Menschen schwer treffen. Wir können das an uns selber oder an einem Menschen, der uns nahesteht, erleben. In der Krankheit erfahren wir alle, wie wenig wir das Leben in unserer Hand haben, wie ohnmächtig wir im Grunde sind. Gewiß, eine Erkrankung kann auch ihre guten Seiten haben. Sie kann uns helfen, neu über unser Leben und seinen Sinn nachzudenken. Wenn wir sie tapfer durchstehen, kann sie uns stärker und reifer machen. Dennoch ist die Krankheit ein Übel. Gott will das Leben, und der gesund empfindende Mensch wehrt sich gegen jede Bedrohung des Lebens. Warum gibt es Krankheiten? Die Bibel beantwortet diese Frage so: Es gibt Krankheiten, weil wir in einer Welt leben, die noch nicht unter die volle Herrschaft Gottes zurückgeführt ist, denn die Beziehung unserer Welt zu Gott ist gestört durch Schuld und Sünde. Das heißt aber nicht, daß jede Krankheit die Strafe für persönliche Sünden ist. Als Jesus einmal einen Blinden sah, fragten ihn seine Jünger: "Wer hat gesündigt? Er selbst? Oder haben seine Eltern gesündigt, so daß er blind geboren wurde? Jesus antwortete: Weder er noch seine Eltern haben gesündigt, sondern das Wirken Gottes soll an ihm offenbar werden" (Joh 9, 1-3). Dann heilte Jesus den Mann von seiner Blindheit.

"Heilt die Kranken!"

In den Evangelien zeigt sich Jesus als der große Gegner und Überwinder der Krankheit. In seinen Krankenheilungen wird deutlich, daß Gott seine Schöpfung wiederherstellen und allen Menschen das Heil schenken will. Mit dem Auftrag: “Heilt die Kranken” (Mt 10, 8) hat Jesus seinen Jüngern seine Sorge für die Kranken übertragen. Die Kirche bemüht sich deshalb, diesen Auftrag zu erfüllen: durch Gemeinschaften von Männern und Frauen, die Kranke pflegen, und durch Spitäler. Wenn wir Jesus nachfolgen wollen, dürfen wir kranke Menschen nicht allein lassen. Wir müssen sie in ihren schweren Tagen und Stunden begleiten und ihnen beistehen, damit sie wieder gesund werden können und ihre Krankheit christlich tragen lernen.

Das Zeugnis des Jakobusbriefes

Die Kirche möchte dem Kranken in besonderer Weise helfen mit der Krankensalbung. Sie war bereits zur Zeit der Apostel üblich, denn im Jakobusbrief lesen wir: “Ist einer von euch krank? Dann rufe er die Priester der Gemeinde zu sich; sie sollen Gebete über ihn sprechen und ihn im Namen des Herrn mit Öl salben. Das gläubige Gebet wird den Kranken retten, und der Herr wird ihn aufrichten; wenn er Sünden begangen hat, werden sie ihm vergeben” (Jak 5, 14 f). Der Herr, also Jesus Christus selbst, will in diesem Sakrament dem kranken Menschen als Heiland im tiefsten Sinne des Wortes begegnen. Er will ihm beistehen in den Schmerzen, in der Ungeduld und Angst; er will ihn stärken in seiner leiblichen und seelischen Schwäche; er will ihm helfen in seinem inneren Aufbegehren, in seinem Glaubensdunkel, in seiner Verdrossenheit und seinen Zweifeln; er will ihn hinausführen aus jeder Abstumpfung und Verhärtung des Herzens auch Gott gegenüber.

Von der “Letzten Ölung” zur “Krankensalbung”

Deshalb sollen wir das Sakrament der Krankensalbung in jeder ernsthaften Erkrankung empfangen, denn es ist nicht nur für Sterbende, sondern für alle ernstlich Kranken bestimmt. So können wir dieses Sakrament mehrmals in unserem Leben, ja auch innerhalb einer fortschreitenden Krankheit wiederholt empfangen. Und selbstverständlich dürfen wir auch vor einer Operation oder einer anderen, nicht ungefährlichen Therapie um die Krankensalbung bitten.

Die Feier des Sakramentes

Wie wird die Krankensalbung gefeiert? Das hängt sehr stark vom Zustand des Patienten ab. Wenn es ihm relativ gut geht, dann wird die Krankensalbung “eingebettet” in einen Wortgottesdienst oder eine Meßfeier. Wenn es dem Kranken schlecht geht, kann der Priester manche Gebete, die Lesung aus der Heiligen Schrift und die vorgesehene Ansprache weglassen.

In jedem Fall legt der Priester in stillem Gebet dem Kranken die Hände auf. Er spricht ein Dankgebet über das heilige Öl, das in der Regel vom Bischof am Gründonnerstag geweiht worden ist. Dann salbt er den Kranken auf der Stirn und auf den Händen. Er spricht bei der Salbung auf der Stirn: “Durch diese heilige Salbung helfe dir der Herr in seinem reichen Erbarmen, er stehe dir bei mit der Kraft des Heiligen Geistes.” Antwort: “Amen”. Bei der Salbung auf den Händen: “Der Herr, der dich von Sünden befreit, rette dich, in seiner Gnade richte er dich auf.” Antwort “Amen”. Wenn der Priester dem Kranken die Hände auflegt, dann wiederholt er eine Gebärde, die wir von Jesus selbst kennen. Die Salbung mit Öl ist mehr als die fromme Anwendung einer alten Medizin, denn sie macht uns Christus ähnlicher, dem Gesalbten, der sein Leben für uns hingegeben hat.

Wie wirkt das Sakrament?

Wie die Hilfe des Sakramentes für uns persönlich aussieht, das können wir ruhig dem Herrn und seinem Heiligen Geist überlassen. Manchen geht es nach dem Empfang der Krankensalbung leiblich und seelisch wesentlich besser. Andere erhalten die Kraft, ihr Leiden mit dem Leiden von Jesus Christus zu vereinen. Es geht ihnen wie Paulus, der an die Kolosser schreibt: "Jetzt freue ich mich in den Leiden, die ich für euch ertrage. Für den Leib Christi, die Kirche, ergänze ich in meinem irdischen Leben das, was an den Leiden Christi noch fehlt" (Kol 1, 24).

Jede Krankheit erinnert uns daran, daß wir einmal sterben müssen; jede Krankheit ist ein Vorbote des Todes. Deshalb ist jede Krankensalbung auch ein Zeichen dafür, daß unser Leib dem Tod geweiht ist. Aber – und das ist das Entscheidende – unser Leib wird gesalbt für die Auferstehung. Denn wenn wir mit Christus sterben, werden wir auch mit ihm auferstehen.

6. Das Weihesakrament

Kein Mensch kann Brot und Wein in den Leib und das Blut von Jesus Christus verwandeln, ohne daß Jesus Christus selbst ihm dazu die Vollmacht gegeben hat. Kein Mensch kann zu einem anderen sagen: "Ich spreche dich los von deinen Sünden", wenn er nicht von Gott dazu bevollmächtigt ist. Denn Sünden vergeben kann nur Gott (vgl. Lk 5, 21). Durch das Weihesakrament erhält der Priester diese Vollmachten. Was einer in der Kirche tun darf, das hängt nicht in erster Linie von seinen Begabungen und seiner Ausbildung ab, sondern von seiner Berufung, von seiner Weihe und von seiner Sendung.

Die Berufung und der Dienst der Apostel

Aus seinen Jüngern hat Jesus zwölf Apostel berufen (vgl. Lk 6, 13). Er wollte sie bei sich haben, damit sie seine Botschaft gut verstehen lernten. Er bat seinen Vater in seinem großen Abschiedsgebet um ihre Heiligung (Joh 17, 17), und er gab ihnen den Heiligen Geist (Joh 20, 22; Apg 2, 4). Er hat ihnen besondere Aufgaben übertragen: Sie sollen das Reich Gottes verkünden, indem sie predigen. Die Menschen, die glauben, sollen sie taufen. Wer seine bösen Taten bereut, dem sollen sie die Sünden vergeben. Vor allem aber sollen sie mit den Gläubigen die Eucharistie feiern.

Die verschiedenen Stufen des Amtes

So haben die Apostel Glaubensgemeinschaften gegründet und auch geleitet. Sie haben diesen Auftrag Jesu weitergegeben, indem sie anderen die Hände auflegten und sie so zu priesterlichen Leitern und Dienern der

Gemeinden machten. Dieses von Christus gestiftete Amt hat sich in mehreren Stufen entfaltet:

– zum Dienst der Bischöfe. Sie sind die Nachfolger der Apostel und haben die Fülle des priesterlichen Auftrages;

– zum Dienst der Priester. Sie sind die verantwortlichen Mitarbeiter des Bischofs;

– zum Dienst der Diakone. Sie helfen mit am Aufbau der christlichen Gemeinschaft.

Zu diesem Dienst als Bischof, Priester und Diakon gibt das Weihesakrament die Vollmacht. Wer einen Teil für das Ganze nimmt, nennt es das Sakrament der Priesterweihe.

Das Priestertum aller Getauften und der amtliche Dienst

Alle Christen sind durch ihre Taufe zum Dienst vor Gott geweiht. Sie haben die Gabe des Geistes Gottes empfangen und können in diesem Geist leben und wirken. Darum redet die Kirche vom gemeinsamen Priestertum aller Gläubigen. Aber die Gemeinden der Christen brauchen Menschen, die in ihnen besondere geistliche Dienste übernehmen. Das tun Bischöfe, Priester und Diakone. Die Kirche beruft sie in ihr Amt und befähigt sie zu ihrem Dienst durch das Sakrament der Weihe – zum Diakon, zum Priester und zum Bischof.

Der Diakon

Der Diakon ist ein Helfer des Bischofs und des Priesters. Diakonia heißt Dienst und erinnert an das Wort Jesu: “Ich bin nicht gekommen, mich bedienen zu lassen, sondern zu dienen” (Mt 20, 28). In der heutigen Kirche ist das Amt des Diakons wieder erneuert worden. Es ist die besondere Aufgabe des Diakons, die Liebe Christi denen zu schenken, die einer Hilfe besonders bedürfen. Er nimmt sich jener an, die der Priester noch nicht oder nicht mehr erreicht. Er begleitet und unterstützt Gruppen innerhalb einer Pfarrei. Er wirkt mit beim Gottesdienst (Predigt, Taufe, Trauung, Begräbnisfeier), in der Wortverkündigung, in der Katechese. Der Diakon verpflichtet sich, ehelos zu leben; doch können auch bereits verheiratete Männer zu Diakonen geweiht werden.

Der Priester

Die Priester sind Mitarbeiter ihres Bischofs. Zusammen mit ihm sind sie eine priesterliche Gemeinschaft. Durch ihre Weihe und Sendung sind sie alle brüderlich verbunden. Wie Christus sollen sie allen das Wort Gottes, das sie selbst mit Freude aufgenommen haben, verkünden. Wie Christus sollen sie die Menschen heiligen, indem sie die Sakramente spenden – vor allem das Sakrament der Eucharistie und der Beichte. Wie Christus sollen sie die Gläubigen zu der einen Gemeinde sammeln, um sie durch ihn und im Heiligen Geist zu Gott, dem Vater, hinzuführen. Der Gute Hirte ist nicht gekommen, sich bedienen zu lassen, sondern um zu dienen; er ist gekommen zu suchen und zu retten, was verloren war. Ebenso sollen die Priester die Armen und Notleidenden nicht vergessen. Wie Jesus Christus selbst sollen sie immer wieder das Gebet suchen und pflegen.

Weil die Priester in ihrem Dienst Christus vergegenwärtigen, sollen sie auch in ihrem Leben ihm ähnlich sein. Deswegen ist es auch angemessen, daß sie um des Himmelreiches willen ehelos bleiben wie Jesus selbst. Sie bezeugen so vor den Menschen, daß sie sich in ungeteilter Hingabe der ihnen anvertrauten Aufgabe widmen wollen.

Weil Jesus Christus nur Männer in den Kreis der Apostel berufen hat und weil die Priester die Person des Mannes Jesus in der Gemeinde darstellen, sieht die katholische Kirche keine Möglichkeit für eine Priesterweihe der Frau. Das Ziel des christlichen Lebens ist die Heiligkeit. Dieses Ziel steht allen Gläubigen – ob Mann oder Frau und in welchem Stand auch immer – offen.

Der Priester, der seinen Dienst hauptverantwortlich in einer Pfarrei erfüllt, heißt Pfarrer; derjenige, der mitverantwortlich in einer Pfarrei tätig ist, heißt Vikar, Kaplan oder an einigen Orten auch Pfarrhelfer. Einen Priester, der zu einer religiösen Gemeinschaft gehört, nennt man in der Regel Pater.

Der Bischof

Der Bischof ist der verantwortliche Leiter einer Teilkirche (Bistum, Diözese) oder Ortskirche. Die Bischöfe sind Nachfolger der Apostel. So tun sie das, was bereits die Apostel getan haben. Sie verkünden das Evangelium. Denn sie sind Glaubensboten, die Christus neue Jünger zuführen. Indem sie die Sakramente spenden, heiligen sie die Gläubigen. Sie vermitteln in den Feiern des Glaubens die Begegnung mit dem Herrn und Heiland aller Menschen. Die Bischöfe leiten die ihnen zugewiesene Teilkirche als Stellvertreter und Gesandte Christi. Sie haben das Recht und die Pflicht, Gesetze zu erlassen, Urteile zu fällen und alles zu regeln, was zur Ordnung des Gottesdienstes und des Apostolats gehört. Dabei sollen sie sich das Beispiel des Guten Hirten vor Augen halten, der sein

Leben für seine Schafe hingegeben hat. Die beständige und tägliche Sorge für ihre Teilkirche ist den Bischöfen in vollem Umfang anvertraut. So sind sie das sichtbare Prinzip und Fundament der Einheit im Glauben und in der Liebe in ihren Teilkirchen. Sie sind nicht als Beauftragte des Papstes zu verstehen, sondern haben eine ihnen eigene Gewalt inne. Damit aber die einzelnen Teilkirchen vereint bleiben, brauchen sie einen verbindlichen Orientierungspunkt.

Der Papst

Dies ist die Aufgabe des Papstes. Er stärkt die Teilkirchen im Glauben und garantiert die Einheit der römisch-katholischen Kirche. Auch wenn er persönliche Fehler haben kann, wird er den Glauben der Kirche unverfälscht bewahren (Unfehlbarkeit), unter der sicheren Führung des Heiligen Geistes. Als Bischof von Rom ist er der Nachfolger der Apostel Petrus und Paulus, die beide in Rom gewesen und für ihren Glauben dort auch gestorben sind. Jesus selbst hat dem Petrus im Kreis der Zwölf eine Sonderstellung eingeräumt. Einmal sagte er zu ihm: "Du bist Petrus, und auf diesen Felsen werde ich meine Kirche bauen, und die Mächte der Unterwelt werden sie nicht überwältigen. Ich werde dir die Schlüssel des Himmelreiches geben; was du auf Erden binden wirst, das wird auch im Himmel gebunden sein, und was du auf Erden lösen wirst, das wird auch im Himmel gelöst sein" (Mt 16, 18 f). Nach seiner Auferstehung gibt der Herr dem Petrus dreimal den Auftrag, seine Lämmer und Schafe zu weiden (vgl. Joh 21, 15-17).

Bischof ist man nie allein. Jeder Bischof ist Mitglied des Bischofskollegiums, in dem sich die Vielfalt und Universalität der Kirche ausdrückt. Wie der Einzelbischof seine Teilkirche repräsentiert, so vergegenwärtigt das Bischofskollegium zusammen mit dem Papst die ganze Kirche als den einen Leib des Herrn. So tragen die einzelnen Mitglieder des Bischofskollegiums nicht nur für ihre Teilkirche, sondern für die ganze Kirche Verantwortung. Weil die Bischöfe dazu eingesetzt sind, zuverlässige Zeugen Jesu und seiner Botschaft zu sein, gilt auch für uns das Wort des II. Vatikanischen Konzils (Versammlung aller Bischöfe mit dem Papst im Vatikan 1962-65): "Die Gläubigen müssen dem Bischof anhangen wie die Kirche Jesus Christus und wie Jesus Christus dem Vater, damit alles in Einheit übereinstimme und überströme zur Verherrlichung Gottes."

Die Feier der Weihe

Die Weihe des Bischofs, des Priesters oder des Diakons geschieht innerhalb einer Heiligen Messe. Sie beginnt nach der Verkündigung des Gotteswortes. Die Weihekandidaten werden einzeln aufgerufen. Sie geben die Antwort: "Ich bin bereit" und treten vor den Bischof. Der für ihre Ausbildung verantwortliche Priester versichert dem Bischof, daß die Kandidaten würdig sind; bei der Bischofsweihe wird der päpstliche Auftrag zur Weihe des neuen Bischofs verlesen. Nachdem der Empfänger der Weihe sich bereit erklärt hat, den Dienst eines Diakons, Priesters oder Bischofs zu übernehmen und der Kirche treu zu dienen, betet die versammelte Gemeinde unter Anrufung aller Heiligen für die Weihekandidaten. Die eigentliche Weihe erfolgt durch das Weihegebet und die Handauflegung auf das Haupt des Kandidaten: bei der

Diakonatsweihe durch den Bischof allein, bei der Priesterweihe durch den Bischof und die anwesenden Priester, bei der Bischofsweihe durch die anwesenden Bischöfe.

Auf die Weihehandlung folgen ausdeutende Riten: Der Diakon erhält die Stola und das Evangelienbuch. Dem neugeweihten Priester werden nach Anlegen des Meßgewandes die Hände gesalbt, und er erhält eine Hostienschale und einen Kelch mit Wein und Wasser. Bei der Bischofsweihe ist die Salbung des Hauptes ein Zeichen für die Gnade, die der neugeweihte Bischof erhalten hat. Die Übergabe des Evangelienbuches, des Bischofsringes und des Stabes machen Teile des bischöflichen Dienstes sichtbar. Anschließend folgt die Feier der Eucharistie.

Die Bedeutung des Amtes

Wenn Jesus und seine Botschaft für mein Heil entscheidend sind, dann habe ich ein elementares Interesse daran, daß er und sein Wort mir getreu überliefert werden. Zuverlässige Zeugen müssen die Überlieferung von Wort und Sakrament sicherstellen. Das geistliche Amt dient der Einheit

– mit dem Ursprung: Die treue Überlieferung wird gesichert durch die Kette der Handauflegungen; die ununterbrochene Weitergabe des Bischofsamtes von den Aposteln bis zu den gegenwärtigen Bischöfen nennt man apostolische Sukzession;

– der einzelnen Kirchen: Der Pfarrer ist verantwortlich für die Einheit der Pfarreiangehörigen untereinander und mit dem Bistum. Der Bischof ist verantwortlich für die Einheit im Bistum und mit der Weltkirche. Der Papst ist zusammen mit dem Kollegium der Bischöfe verantwortlich für die Einheit der Gesamtkirche.

Aus all dem wird deutlich: Das geistliche Amt ist mehr als die äußerliche, sichtbare und menschliche Organisationsform der Kirche. Es ermöglicht vielmehr den Gläubigen die wirkliche Begegnung mit Jesus Christus. Die Weihe ist auch mehr als eine menschliche Beauftragung. Sie ist vielmehr eine Sendung, die der Berufene von Jesus Christus selbst empfängt.

Die bleibende Unterscheidung von allgemeinem Priestertum der Gläubigen und dem besonderen Priestertum des Amtes ist sichtbarer Ausdruck der Tatsache, daß keine Gemeinde sich das Heil selber schenken kann. Gott "braucht" Menschen, die ihn und sein Heil den anderen Menschen gegenüber vertreten.

Die Sorge um Priesterberufe ist ein dringliches Anliegen der ganzen Kirche und aller Gemeinden. Jesus sagte: "Bittet den Herrn der Ernte, Arbeiter für seine Ernte auszusenden" (Lk 10, 2).

7. Das Sakrament der Ehe

Jeder Mensch hat einen Vater und eine Mutter. Jeder Mensch verdankt sein Leben der Begegnung von einem Mann und einer Frau. Seit es Menschen gibt, ist es so: Der Mann verläßt Vater und Mutter und bindet sich an seine Frau, und sie werden *ein* Fleisch (vgl. Gen 2, 24). Sie bekommen Kinder und ziehen sie auf. Weil für die Völker die Weitergabe des Lebens wichtig ist, soll dies seit jeher in einer bestimmten Ordnung geschehen.

Die Liebe zwischen Mann und Frau hat ihren tiefsten Grund nicht in bloß menschlichen Empfindungen und Gefühlen, in Bedürfnissen und Erwartungen, sondern im Willen Gottes. *Er* erschafft den Menschen als Mann und Frau, damit sie eine innige Lebens- und Liebesgemeinschaft bilden. Er segnet sie als Paar, nicht mehr als einzelne, und gibt ihnen den Auftrag, ihre Liebe fruchtbar werden zu lassen (vgl. Gen 1, 26 ff).

Die Liebe

Wer einen Menschen liebt, sagt zu ihm: Wie gut, daß es dich gibt. Wenn Gott nach der Erschaffung des Menschen als Mann und Frau feststellte: Es ist sehr gut (vgl. Gen 1, 31), dann dürfen wir sagen: Gott hat den Menschen aus Liebe erschaffen und zur Liebe berufen. Ja, das erste Kapitel der Bibel sagt noch mehr: Der Mensch ist als Mann und Frau Abbild Gottes (Gen 1, 26). Gott ist in seinem innersten Geheimnis nicht Einsamkeit, sondern Beziehung, Begegnung und Gemeinschaft. In der Liebe von Mann und Frau und Kind spiegelt sich die Liebe von Gott dem Vater, dem Sohn und dem Heiligen Geist. Der Mensch ist Gottes Bild, insofern er lieben kann. Er wird

Gott ähnlich, indem er ein Liebender wird. Daraus ergibt sich alles Weitere:

Weil Gott sich in der Liebe ganz und vorbehaltlos schenkt, soll auch die Liebe der Ehepartner ganz und ohne Vorbehalt sein.

Weil Gottes Liebe unwiderruflich ist, sollen auch Mann und Frau sich in treuer Liebe zugetan bleiben.

Weil Gottes Liebe sich schöpferisch verströmt, soll auch die eheliche Liebe sich schöpferisch verschenken.

Was sich bereits im ersten Kapitel der Bibel zeigt, verdeutlicht sich in den späteren. Gott vergleicht seine Beziehung zum Volk Israel mit der Begegnung von Mann und Frau. Wie ein leidenschaftlich treuer Liebhaber wirbt er um die Gunst und Treue seines Volkes. Und umgekehrt spiegelt der Bund der Ehe den Bund Gottes mit seinem Volk.

Das Neue Testament entfaltet diesen Gedanken weiter: Jesus liebt die Kirche wie der Bräutigam die Braut. Ein für allemal hat Jesus aus Liebe für uns sein Leben hingegeben. Ein für allemal geben sich die Eheleute das Ja-Wort, wenn sie – wie Paulus sagt – "im Herrn" heiraten (vgl. Hebr 9, 11-12; 1 Kor 7, 39).

Das Sakrament

So ist die christliche Ehe etwas ganz Großes. In der gegenseitigen Liebe von Mann und Frau soll für die Menschen etwas erfahrbar werden von der Liebe Gottes zu den Menschen, von der Liebe von Jesus Christus zu seiner Kirche. Dem christlichen Brautpaar begegnet Christus als Bräutigam seiner Braut, der Kirche. Deshalb ist für uns die Ehe ein Sakrament. Sie ist ein Zeichen, das bewirkt, was es bedeutet. So steht die Ehe unter dem besonderen Segen Gottes (Gen 1, 28). Gott selber steht fest zur Entscheidung der Eheleute und heißt sie ausdrücklich gut. Er wird auch dann noch zu dieser Entscheidung stehen, wenn es den Eheleuten selber einmal schwerfallen sollte. Er will ihnen helfen, ihre Entscheidung in aller Angefochtenheit durchzutragen.

Die Vorbereitung auf die Ehe und die Trauung

Die christliche Ehe ist nicht nur ein Geschenk, sondern zugleich eine anspruchsvolle Aufgabe. Es ist deshalb die Pflicht der Familien und der Pfarreien, die Kinder und Jugendlichen in gebührender Weise auf die zukünftige Ehe vorzubereiten.

Wenn ein Katholik heiraten will, muß er die Trauung bei seinem Pfarrer anmelden. In einem Gespräch stellt der Pfarrer fest, ob eine kirchliche Trauung überhaupt möglich ist. Er erkundigt sich auch, ob das Brautpaar so von der Ehe denkt wie die Kirche. Denn sonst wäre es nicht ehrlich, in der Kirche zu heiraten. Das Ergebnis dieses Gesprächs wird im sogenannten Ehedokument festgehalten. Wenn der Pfarrer die Brautleute nicht persönlich auf die Eheschließung vorbereitet, wird er ihnen einen entsprechenden Kurs empfehlen.

Den Priester, der die Trauung vornehmen soll, kann das Brautpaar in der Regel selbst wählen; ebenso die Kirche, in der die Trauung stattfinden soll. Verpflichtet ist dazu allerdings nur der Pfarrer in der Pfarrkirche der Wohnortspfarrei.

Es empfiehlt sich, daß der Traupriester den Gottesdienst mit den Brautleuten gemeinsam vorbereitet und ihnen auch eine persönliche Beichte vor diesem wichtigen Schritt im Leben nahelegt. Die kirchliche Eheschließung darf erst nach der staatlichen stattfinden.

Die Feier der Trauung

Die Trauung katholischer Brautleute findet in der Regel während einer Eucharistiefeier statt. Denn in der Heiligen Messe feiern wir in besonderer Weise die hochzeitliche Liebe von Jesus Christus zu seiner Kirche. Konfessionsverschiedene Brautpaare werden während eines Wortgottesdienstes getraut. Auch der Pfarrer der anderen Konfession kann dabei mitwirken. Eine solche Trauung nennt man ökumenisch.

Nach der Predigt fragt der Priester die Brautleute noch einmal öffentlich, ob sie bereit sind, eine christliche Ehe zu schließen. Zur christlichen Ehe gehören die Freiheit der Entscheidung, der Wille zur Treue und die Bereitschaft, Kindern das Leben zu schenken, soweit dies möglich ist. Nach der Segnung der Ringe schließen die Brautleute den Bund der Ehe, indem sie das Vermählungswort (Jawort) sprechen:

"Ich nehme dich an als meine(n) Frau (Mann) und verspreche dir die Treue in guten und in bösen Tagen, in Gesundheit und in Krankheit. Ich will dich lieben, achten und ehren, solange ich lebe (bis der Tod uns scheidet)."

Durch die unwiderrufliche Willenserklärung von Braut und Bräutigam, durch die sie sich jetzt und hier einander in Freiheit schenken und gegenseitig annehmen, wird der Ehebund begründet.

Der Priester bestätigt die Vermählung:

“Der Herr, unser Gott, festige den Ehebund, den Sie vor ihm und seiner Kirche geschlossen haben.”

Er verdeutlicht diese Worte mit einer eindrücklichen Geste: Er umwindet die ineinandergelegten Hände der Brautleute mit der Stola und legt seine eigene Hand darüber. Zu den Versammelten sagt er:

“Euch alle aber, die ihr zugegen seid, nehme ich zu Zeugen dieses heiligen Bundes. Was Gott verbunden hat, das darf der Mensch nicht trennen.”

Ein feierliches Gebet lobt Gott für das Geschenk der Ehe und bittet ihn um seinen Beistand für die Neuvermählten (Brautsegen). Mit den Fürbitten der Gemeinde wird die Eucharistiefeier in der gewohnten Weise fortgesetzt.

Wie können wir das Sakrament der Ehe im Alltag leben?

Die christliche Ehe ist sehr anspruchsvoll. Sie verlangt ein hohes Maß an Selbstüberwindung, Vergebungsbereitschaft und Opfer. Sie wird um so eher gelingen, als die Eheleute mit Gott in Verbindung bleiben. Es ist beim Ehesakrament wie beim Sakrament der Taufe: Man muß es täglich neu verwirklichen.

Weil die katholische Kirche sich an das Wort Jesu “Was aber Gott verbunden hat, das darf der Mensch nicht trennen” gebunden fühlt, kennt sie keine Ehescheidung. Wohl ist es möglich, daß die Eheleute sich aus schwerwiegenden Gründen trennen. Es ist dabei für die Kirche nicht wichtig, ob dies mit staatlicher Scheidung geschieht oder nicht. Solange einer der Partner lebt, bleibt eine neue Heirat ausgeschlossen. Getrennte Partner können zu den Sakramenten zugelassen werden, wenn sie das bestehende Eheband trotz der Trennung achten. Dies ist bei Geschiedenen, die eine neue Ehe eingehen, nicht möglich, soweit sie im ausdrücklichen Widerspruch zum eindeutigen Willen Jesu leben. Wenn sie sich darum bemühen, wie "Bruder und Schwester" zusammenzuleben, und auch sonst kein Hindernis gegeben ist, können sie die Sakramente wieder empfangen.

Der kirchliche Eheprozeß

Ist eine Ehe gescheitert, so ist es unter Umständen angebracht, sie durch ein kirchliches Gericht prüfen zu lassen. Sollte sich nämlich herausstellen, daß sie von Anfang an mit schweren Mängeln behaftet war, kann sie durch ein kirchliches Gericht für ungültig (nichtig) erklärt werden. Dabei wird also nicht ein bestehendes Eheband geschieden und gelöst, sondern lediglich festgestellt, daß ein Eheband gar nie zustande gekommen ist. Eine (neue) Eheschließung wäre in diesem Fall möglich.

Auch eine Ehe, die keine Bilderbuchehe zu sein vermag, auch eine Treue, die unter schwierigen Umständen durchgehalten wird, ist und bleibt ein echtes Zeugnis des Glaubens. Es gilt auch ihr die Verheißung: "Wenn wir untreu sind, bleibt er doch treu, denn er kann sich selbst nicht verleugnen" (2 Tim 2, 13).

So wie Gott die Ehe von Anfang an geschaffen hat, ist sie sehr anspruchsvoll. Wegen der Folgen der Sünde, wegen der menschlichen Schwäche und Selbstsucht ist sie schwer zu leben.

Was kann vor allem zum Gelingen einer christlichen Ehe beitragen?

Es ist der Dialog, das Gespräch. An erster Stelle ist das, wenn möglich gemeinsame, Gespräch mit Gott, das Gebet, zu nennen. Es ist erwiesen, daß Ehen, in denen gebetet wird, stabiler und oft auch glücklicher sind. Ebenso wichtig ist das Gespräch zwischen den Eheleuten. Es ist ganz wichtig, den Gesprächsfaden nicht abreißen zu lassen oder ihn immer wieder neu zu knüpfen. Selbstverständlich gehört zum Gespräch nicht nur das Reden, sondern auch das Zuhören. Der liebe Gott hat uns zwei Ohren und einen Mund gegeben, damit wir eher hören als reden. Erfahrungsgemäß scheitern viele Ehen, weil die Partner sich gegenseitig überfordern. Wenn ich von meinem Partner die Erfüllung meiner ganzen Sehnsucht nach Glück erwarte, dann ist die Enttäuschung vorprogrammiert. Alle Menschen sind sehr begrenzt. Meine Sehnsucht, die auf eine unendliche Erfüllung ausgerichtet ist, kann nur Gott stillen. Wo jedoch die Beziehung zu Gott nicht gelebt wird, neigen die Menschen dazu, sich gegenseitig zu überfordern. Unsere Ganzhingabe im absoluten Sinn verdient nur Gott, der sich in Jesus Christus ganz für uns am Kreuz hingegeben hat. Seine Liebe dürfen die Eheleute ein wenig erfahren und erfahrbar machen. Sie sind deshalb in besonderer Weise eingeladen, aus der Feier der Heiligen Messe immer neu Kraft zu schöpfen, um das Sakrament der Ehe im Alltag zu leben.

E. DIE ZEHN GEBOTE

Das Glaubensbekenntnis sagt, was wir Christen glauben – oder besser: wer dieser Gott ist, dem wir unser Leben anvertrauen. In den Sakramenten feiern wir unseren Glauben; es ist Jesus selbst, der uns in den heiligen Zeichen begegnet. Die Zehn Gebote wollen uns helfen, im Alltag so zu leben, wie es unserem Glauben entspricht; sie sagen, was Gott von uns erwartet.

Wir finden die Zehn Gebote im Alten Testament. Sie sind die Urkunde des Bundes, den Gott am Berg Sinai mit seinem Volk geschlossen hat.

Zwei Fassungen, verschiedene Zählweisen

Es sind zwei Fassungen der Zehn Gebote überliefert: Die eine steht im Buch Exodus (20, 1-17), die andere im Buch Deuteronomium (5, 6-21). In der Bibel sind die Gebote nicht numeriert. Es gibt deshalb verschiedene Zählweisen. Wir folgen der katholischen und auch lutherischen Einteilung, die auf den hl. Augustinus zurückgeht.

Dies sind die Zehn Gebote:

Ich bin Jahwe, dein Gott, der dich aus Ägypten geführt hat; aus dem Sklavenhaus. Du sollst neben mir keine anderen Götter haben.
Du sollst dir kein Gottesbild machen.
Du sollst den Namen des Herrn, deines Gottes, nicht mißbrauchen.
Gedenke des Sabbats: Halte ihn heilig!
Ehre deinen Vater und deine Mutter.

Du sollst nicht morden.
Du sollst nicht die Ehe brechen.
Du sollst nicht stehlen.
Du sollst nicht falsch gegen deinen Nächsten aussagen.
Du sollst nicht nach dem Haus deines Nächsten verlangen.
Du sollst nicht nach der Frau deines Nächsten verlangen (...) oder nach irgend etwas, das deinem Nächsten gehört.

Jesus bekräftigt die Zehn Gebote

In seinem Leben und in seiner Verkündigung hat Jesus die Gültigkeit der Zehn Gebote bezeugt. Ein junger Mann fragte Jesus: "Meister, was muß ich Gutes tun, um das ewige Leben zu gewinnen?" Er antwortete: "Wenn du das Leben erlangen willst, halte die Gebote" (Mt 19, 16-17)! Wir können die Gebote nicht aus eigener Kraft halten, aber mit Gottes Hilfe ist es uns möglich.

1. “Ich bin Jahwe, dein Gott, der dich aus Ägypten geführt hat; aus dem Sklavenhaus. Du sollst neben mir keine anderen Götter haben.”

Der wichtigste Satz der Zehn Gebote steht am Anfang. Die Zehn Gebote haben nämlich die Form eines Vertrages zwischen zwei Bündnispartnern, wie er im alten Orient zwischen einem Großkönig und seinen Gefolgsmännern üblich war. Ein solcher Vertrag hat einen Vorspruch (Präambel), in der der Großkönig seinen Namen und seinen Titel nennt. Dann werden die bisherigen Beziehungen zwischen den beiden Bündnispartnern beschrieben. Anschließend folgen die Grundsatzerklärung und die einzelnen Bestimmungen des Vertrages. Diese Formelemente können wir auch am Anfang der Zehn Gebote erkennen:

– Die Präambel: “Ich bin Jahwe, dein Gott.”

– Die Vorgeschichte: “Der dich aus Ägypten geführt hat; aus dem Sklavenhaus.”

– Die Grundsatzerklärung: “Du sollst neben mir keine anderen Götter haben.”

– Und die Einzelbestimmungen, die wir in den weiteren Geboten finden werden.

Die Gebote sind Ausdruck des Bundes mit Gott

Mit anderen Worten: Die Zehn Gebote sind unlösbar verbunden mit dem Bund, den Gott mit seinem Volk geschlossen hat. Die Gnade Gottes war vor dem Gebot, die göttliche Zuwendung vor der menschlichen Verpflichtung. Wenn wir Menschen miteinander umgehen, heißt es oft: Gib du mir zuerst, dann gebe auch ich dir! Gott sagt nicht: Halte zuerst die Gebote, dann bekommst du meine Gnade. Sondern umgekehrt: Wer das göttliche

Heil erfahren hat, wer aus seinem Ägypten herausgeführt worden ist, wer zu den Erlösten zählt, der untersteht auch Gottes Forderung. Sinngemäß könnten wir also auch so übersetzen: "Weil ich der Herr, dein Gott, bin, der dich erlöst und befreit hat, wirst du keine anderen Götter neben mir haben."

Weil die Gebote Weg-Weisungen des Gottes sind, der für sein Volk da ist und es erlöst hat, sind sie für Israel nichts Belastendes, sondern etwas Befreiendes: "An deinen Geboten habe ich meine Freude, ich liebe sie von Herzen" (Ps 119, 47).

"Du sollst neben mir keine anderen Götter haben."

Das erste Gebot sagt, daß es einen Gott gibt. Es zieht daraus die Konsequenz und fordert uns auf, an Gott zu glauben. Wir glauben nicht aus alter Gewohnheit, nicht aus Angst vor dem Tod, nicht für alle Fälle, nicht deshalb, weil uns jemand zwingt; nicht deshalb, um die Seele zu retten oder um originell zu sein. Wir glauben aus dem einfachen Grund, weil es Gott gibt.

Der Verstand will erkennen, das Auge sehen, das Ohr hören, unsere Hände wollen tasten und umfassen, und somit blieben wir Gefangene des Menschlichen, wenn wir nicht die Gnade bekommen hätten, glaubend, hoffend und liebend uns bis zu Gott erheben zu können. Wenn unsere Fragen im Dunkel der Ungewißheit und der Unerforschbarkeit verstummen, können wir dennoch glauben. Ja, erst dann glauben wir richtig, wenn wir uns selber verlassen und Gott anhangen. Unser Hoffen auf Gott hofft erst richtig, wenn irdische Hoffnungen und Wahrscheinlichkeiten zusammengebrochen sind. Und schließlich heißt Glauben den Gott lieben, der mich zuerst geliebt hat. "Du sollst den Herrn, deinen Gott lieben mit ganzem Herzen, mit ganzer Seele und mit ganzer Kraft" (Dtn 6, 5).

Die Götzen des Menschen

"Wo dein Schatz ist, da ist auch dein Herz", sagt Jesus (Mt 6, 21). Gott ist, woran einer sein Herz hängt. Weil Gott alles übersteigt, was wir Menschen über ihn zu denken vermögen; weil er in einem unzugänglichen Licht wohnt und keiner ihn jemals gesehen hat (1 Tim 6, 16); weil unsere Herzen durch die Macht der Sünde verfinstert sind, darum sind wir Menschen immer wieder in Gefahr, uns von Gott abzuwenden. Weil aber Gottes Platz im Herzen des Menschen nie leer bleibt, tritt etwas Geschaffenes an die Stelle Gottes – ein anderer Gott, ein Götze. An vielerlei können Menschen ihr Herz hängen und es so zu ihrem Götzen machen: an Geld, an Macht, an die Karriere, an einen Genuß, an eine Idee; an einen Menschen, von dem allein sie die Gesundheit oder das ganze Glück erhoffen. Ja, sie können sich sogar mit den Mächten des Bösen einlassen, weil sie sich einen Vorteil davon versprechen. Vielleicht versucht man am Anfang noch, neben dem Götzen Gott gelten zu lassen. Aber Jesus warnt uns: "Niemand kann zwei Herren dienen; er wird entweder den einen hassen und den anderen lieben, oder er wird zu dem einen halten und den anderen verachten. Ihr könnt nicht beiden dienen, Gott und dem Mammon", d. h. dem Geld, dem Besitz, dem Reichtum (Mt 6, 24).

Weil nichts und niemand uns restlos glücklich machen kann als Gott allein, mahnt uns das erste Gebot: "Du sollst keine anderen Götter neben mir haben."

"Ich glaube an die Sonne,
auch wenn sie nicht scheint.
Ich glaube an die Liebe,
auch wenn ich sie nicht fühle.
Ich glaube an Gott, auch wenn er schweigt."
(Mauerinschrift im Warschauer Ghetto)

"Unruhig ist unser Herz, bis es ruhet in Dir, o Gott."
(Augustinus)

"Du sollst dir kein Gottesbild machen."

Der Sinn dieses Gebotes ist nicht so leicht zu erfassen. Wir kommen ihm näher, wenn wir es zusammen mit dem folgenden betrachten:

2. "Du sollst den Namen des Herrn, deines Gottes, nicht mißbrauchen"

Dieses Verbot schützt den Namen Gottes vor Mißbrauch beim Eid und beim Fluch, zur Zauberei und zur Lästerung. Jahwe hat seinem Volk seinen Namen kundgetan, damit man ihn kennt und ihn um Hilfe anrufen kann. Aber er ist nicht bereit, sich auszuliefern. Er wahrt seine Freiheit ganz entschieden. Aus dem gleichen Grund verbietet er, daß ein Kultbild aufgestellt wird. Denn das Götterbild dient dazu, sich durch vielerlei Praktiken der Gegenwart und Hilfe der betreffenden Gottheit zu versichern. Hier meint der Mensch, der Macht Gottes habhaft werden, ja, in gewisser Weise über Gott verfügen zu können.

Wir sollen beten

Wenn uns das erste Gebote auffordert, über unsere Menschlichkeit hinaus an einen Gott zu glauben, dann geht das zweite Gebot noch einen Schritt weiter. Es mahnt uns, Gott zu verehren. Vor ihm allein sollen wir uns niederwerfen und ihm allein dienen. Da es Gott gibt, haben wir die Verpflichtung, ihn anzubeten und ihm die gebührende Verehrung zu erweisen. Gott hat einen Namen, den wir gebrauchen dürfen und sollen. Das zweite Gebot will den Dialog und den immer engeren persönlichen Kontakt mit einem wirklich ansprechbaren Gott fördern. Beten ist der Versuch, das kleine Wort "Gott" zu einem Namen zu machen, der etwas für mich bedeutet, zu einem Personennamen, in dem Gottes ganze Geschichte mit den Menschen mitschwingt. Der Name, den Gott seinem Volk offenbart hat, ist Jahwe(h), Ich bin, der ich bin (Ex 3, 14). Er bedeutet: "Ich bin (immer) da (für euch)."

Das Mißverständnis der Zeugen Jehovas

Im späteren Judentum (um 200 v. Chr.) setzte sich die Ansicht durch, die Ehrfurcht vor dem Namen sei am besten zu wahren, wenn man ihn überhaupt nicht mehr ausspreche. An seiner Stelle sagte man in der Regel "Adona", Herr. Um die Ersetzung nicht zu vergessen, schrieb man die Vokale dieses Wortes unter die vier Konsonanten des Namens Gottes IHWH. Wenn man die Vokale von Adona mit den Konsonanten von Jahwe kombiniert, entsteht der darum eigentlich falsche Name Jehova.

Der Name "Jesus"

Ein neues Gewicht bekommt das zweite Gebot dadurch, daß der Jahwe-Name auch im Namen Jesus enthalten ist. Jeschua (Jesus) bedeutet nämlich "Jahwe ist Heil". Und die Apostel fügen dem Namen Jesus den Titel "Herr" (Kyrios) hinzu, der im griechischen Alten Testament den Namen Jahwe vertritt. Dadurch erhält Jesus den höchsten Namen, den es gibt. So lesen wir im Christushymnus des Philipperbriefes: "Darum hat ihn Gott über alle erhöht und ihm den Namen verliehen, der größer ist als alle Namen, damit alle im Himmel, auf der Erde und unter der Erde ihre Knie beugen vor dem Namen Jesu und jeder Mund bekennt: 'Jesus Christus ist der Herr' – zur Ehre Gottes des Vaters" (Phil 2, 6-11).

Ehrfurcht vor dem Namen Gottes

Indem uns Gott seinen Namen sagt, zieht er uns in sein Vertrauen. Wenn wir das recht bedenken, werden wir mit diesem Namen sorgfältig und ehrfurchtsvoll umgehen. Wir werden ihn weder leichtfertig noch im Zorn aussprechen. Vor allem werden wir Gottes Freiheit respektieren und nicht versuchen, ihn für unsere eigenen Zwecke einzuspannen. Das Wort Gottes in unserem Mund soll anderen zum Segen und nicht zum Fluch werden. So verbieten diese Gebote alle Formen von Wahrsagerei und Magie, von Gotteslästerung und Meineid.

Freiheit und Ordnung im Gebet

Richtig gebrauchen wir den Namen Gottes, wenn wir beten. Das zweite Gebot verpflichtet uns zum Gebet. Es läßt uns gleichzeitig eine große Freiheit in der Art und Weise, wie wir beten. Die Kirche empfiehlt uns regelmäßige Gebetszeiten und in besonderer Weise das tägliche

Morgen- und Abendgebet sowie das Gebet bei Tisch. Allein und miteinander, in Wort und Gesang, aber auch in hörendem Schweigen wollen wir – stellvertretend für die ganze Schöpfung – Gott lobpreisen, ihm danken und ihn um seine Hilfe bitten. Denn wir wissen: Gott ist kein abwesender Gott, sondern ein in der ganzen Schöpfung Anwesender. Gott ist kein stummer Gott – er spricht in allen Sprachen und Zeichen. Übrigens ist auch religiöse Kunst Ausdruck unseres Sprechens zu Gott und über Gott.

Was bedeutet das Bilderverbot?

Das Gebot, kein Gottesbild zu machen, verbietet nicht eine künstlerische Darstellung Gottes auch als Person, denn Gott hat uns Menschen nach seinem Abbild geschaffen (Gen 1, 27). Vor allem aber hat er uns in Jesus Christus sein Antlitz gezeigt, das wir anschauen können. Der geliebte Sohn des Vaters ist "das Ebenbild des unsichtbaren Gottes, der Erstgeborene der ganzen Schöpfung", lesen wir im Christushymnus des Kolosserbriefes (Kol 1, 15). Bei jeder bildlichen Darstellung, bei jeder Vorstellung, die wir uns von Gott machen, müssen wir allerdings wissen, daß er jedes Bild und jede Vorstellung unendlich übersteigt. Wir dürfen weder ein Bild noch eine eigene Gottesvorstellung zu einem Götzen machen, noch versuchen, mit Hilfe eines Bildes oder einer Vorstellung über Gott verfügen zu wollen. Wenn wir das beachten, dann kann ein Bild eine gute Hilfe zum Gebet sein. Ja, ohne irgendeine Vorstellung von Gott als einer Person könnten wir überhaupt nicht wirklich beten.

3. “Gedenke des Sabbats: Halte ihn heilig!”

Der Sabbat ist der siebte Tag der Woche. Die Bibel kennt zwei Begründungen dieses Gebotes:

1. Weil Gott die Welt in sechs Tagen erschaffen und am siebten Tag geruht hat, soll der Mensch sechs Tage arbeiten und am siebten ausruhen.

2. Um nie zu vergessen, daß Gott sein Volk aus Ägypten befreit hat, soll Israel den Sabbat halten.

Bis auf den heutigen Tag halten die gläubigen Juden den Sabbat heilig. Sie nehmen sich viel Zeit für den Gottesdienst und das Gebet. Sie pflegen die Gemeinschaft der Familie, und manche von ihnen meiden an diesem Tag jegliche Arbeit. So bleibt der Bund, den Gott mit seinem Volk geschlossen hat, in lebendiger Erinnerung.

Als gläubiger Jude hat auch Jesus den Sabbat gehalten (vgl. Lk 4, 16). Doch soweit die Sabbatheiligung gesetzlich erstarrt war, hat er sie kritisiert: “Der Sabbat ist für den Menschen da, nicht der Mensch für den Sabbat. Deshalb ist der Menschensohn auch Herr über den Sabbat” (Mk 2, 27-28).

Vom Sabbat zum Sonntag

Weil Jesus Christus am ersten Tag der Woche von den Toten auferstanden und auch bevorzugt am ersten Wochentag seinen Jüngern erschienen ist, haben die ersten Christen schon bald die Heiligung des Sabbats auf den Sonntag verlegt. Solange dieser Tag ein Werktag war, beschränkte sich seine Heiligung auf die Feier der Eucharistie. So lesen wir etwa in der Apostelgeschichte: “Als wir am ersten Wochentag versammelt waren, um das Brot zu brechen, redete Paulus zu ihnen, denn er wollte am folgenden Tag abreisen; und er dehnte seine Rede bis Mitternacht aus" (Apg 20, 7).

Die Sonntagspflicht

Weil die Eucharistie nur am späten Abend oder am frühen Morgen stattfinden konnte, war ihr Besuch mit mancherlei Unbequemlichkeit und Selbstüberwindung verbunden. Trotz aller Glaubensbegeisterung waren deshalb damals schon gelegentlich Mahnungen notwendig: "Laßt uns nicht unseren Zusammenkünften fernbleiben, wie es einigen zur Gewohnheit geworden ist, sondern ermuntert einander und das um so mehr, als ihr seht, daß der Tag naht" (Hebr 10, 25).

Um das Jahr 300 bestimmte das Konzil von Elvira (Spanien): "Wenn jemand, der in der Stadt wohnt, an drei Sonntagen nicht zur Kirche kommt, dann soll er für kurze Zeit (von der Kommunion) ausgeschlossen werden, damit er als Gemaßregelter erscheint" (Can. 21).

Das kirchliche Gesetzbuch bestimmt: "Der Sonntag, an dem das österliche Geheimnis gefeiert wird, ist aus apostolischer Tradition in der ganzen Kirche als der gebotene ursprüngliche Feiertag zu halten. (...) Am Sonntag (...) sind die Gläubigen zur Teilnahme an der Meßfeier verpflichtet; sie haben sich darüber hinaus jener Werke und Tätigkeiten zu enthalten, die den Gottesdienst, die dem Sonntag eigene Freude oder die Geist und Körper geschuldete Erholung hindern" (Can. 1246, 1247; vgl. auch 1248).

Wenn uns die Heiligung des Sonntags und die Teilnahme an der Heiligen Messe Mühe machen, dann ist es wichtig, daß wir uns ihre Bedeutung in Erinnerung rufen.

Wöchentliches Osterfest

"Deinen Tod, o Herr, verkünden wir, und deine Auferstehung preisen wir, bis du kommst in Herrlichkeit" (Liturgie der Messe). Der Sonntag ist in erster Linie unser wöchentliches Osterfest, er ist der eigentliche Tag des Herrn. Es müßte deshalb in unserem Leben etwas davon spürbar werden, daß wir Sonntag für Sonntag Ostern feiern. Wir müßten nach jeder Möglichkeit suchen, die Leben weckt, bejaht und gestaltet. Im Alltag kann sich das in schlichten, selbstlosen Taten zeigen: Wenn wir einander helfen, wenn wir Traurigen Mut machen, wenn wir Unrecht beheben, wenn wir in aussichtslosen Situationen durchhalten, wenn wir einem Sterbenden Hoffnung geben, wenn wir gegen Resignation, gegen Müdigkeit und Pessimismus angehen, wenn wir froh in die Zukunft schauen.

Tag der besinnlichen Dankbarkeit

Am Sonntag räumen wir uns Zeit ein, uns auf das zu besinnen, was unser Leben lebenswert macht. Zwar gibt es manches, an das man sich nicht gern erinnert; aber an vieles kann man einfach nicht denken, ohne zugleich auch dafür zu danken. Seit je galt deshalb den Jüngern Jesu der Herrentag als Tag der Dankbarkeit und Danksagung. An diesem Tag, da wir der Schöpfung der Welt und der Neuwerdung aller Kreatur durch das österliche Geheimnis gedenken, drängt es uns, Gott für alle seine Wohltaten zu danken. Wir tun dies auch an Stelle all derer, die nicht (mehr) beten können oder nicht (mehr) beten wollen.

Tag der Gemeinschaft

Wir "feiern in Gemeinschaft mit der ganzen Kirche den ersten Tag der Woche als den Tag, an dem Christus von den Toten erstanden ist" (Sonntagsliturgie). Christ kann man nicht allein und nur für sich sein. Deshalb ist der Sonntag auch ein Tag der Versammlung. Mit Nachdruck unterstreicht dies ein Dokument aus der ersten Hälfte des dritten Jahrhunderts: "Da ihr Glieder Christi seid, dürft ihr euch nicht zersplittern, indem ihr der Kirche fernbleibt. Verachtet nicht euch selbst, beraubt nicht unseren Erlöser seiner Glieder, zerstückelt und zerstreut nicht seinen Leib und schätzt eure weltlichen Angelegenheiten nicht höher ein als das Wort Gottes. Laßt am Herrentag alles liegen und eilt voll Eifer zur Kirche; sie ist euer Ruhm. Wie wollen sich die vor Gott entschuldigen, die am Tag des Herrn nicht herbeieilen, um das heilbringende Wort zu hören und die göttliche, ewigwährende Speise zu genießen?" (Didaskalie).

Tag der Ruhe

Wie der Sabbat ist auch der Sonntag ein Tag der Ruhe. Weshalb fordert die Kirche, daß wir am ersten Tag der Woche – neben der Teilnahme an der Eucharistiefeier – auf die übliche Tätigkeit verzichten? Sie tut dies in vierfacher Absicht:

– Indem wir an einem Tag der Woche die Arbeit niederlegen, schaffen wir einen Raum, in dem wir aufatmen und zur Besinnung kommen können. Einmal in der Woche geht Würde vor Wert!

– Wenn wir das tun, was wirklich Entspannung und Freude verschafft, dann – und nur dann – wird es uns zum Segen gereichen.

– Im Kreis von Freunden und Bekannten, besonders aber in der Gemeinschaft der Familie, vermag der strapazierte Mensch von heute sein leib-seelisches Gleichgewicht zurückzugewinnen.

– Die Kirche hielt es schon immer für angezeigt, an diesem Tag ganz besonders an die Armen und Notleidenden zu denken. Jesus selbst hat verschiedene Male am Sabbat Kranken geholfen. Wie wäre es also, wenn die Gläubigen sich auch heute darum bemühten, die Kranken und Einsamen, die Behinderten und Betagten zu besuchen? Wer im Gottesdienst die Liebe des Herrn empfangen durfte, den sollte es dazu drängen, die Erfahrung der Menschenfreundlichkeit Gottes an andere weiterzuschenken.

"Ohne Herrenmahl können wir nicht leben."

Im Jahre 303 befahl der römische Kaiser Diokletian, alle christlichen Gotteshäuser zu zerstören und die Gebetszusammenkünfte der Christen zu unterbinden. Zu den Gebieten, in denen dieser staatliche Erlaß besonders grausam durchgeführt wurde, zählte Nordafrika, wo es damals bereits blühende Gemeinden gab.

Am 12. Februar 304 stehen in Karthago 49 Christen, 31 Männer und 18 Frauen, mit ihrem Vorsteher vor Gericht. Sie sind in Abitinae, einer kleinen Ortschaft in der Nähe der Hauptstadt, verhaftet worden, während sie im Hause des Octavius Felix den sonntäglichen Gottesdienst feierten. Der Prozeß steht ihnen bevor; er endet mit der Hinrichtung aller Angeklagten. Vor ihrer Folterung stellt ihnen der heidnische Beamte, der Prokonsul, die Frage: "Warum seid ihr, entgegen dem Verbot des Kaisers, zum Gottesdienst zusammengekommen?" Sie erwidern: "Ohne das Herrenmahl können wir nicht leben."

4. “Ehre deinen Vater und deine Mutter...”

Während es in den bisherigen Geboten um unsere Beziehung zu Gott, um unsere Gottesliebe also, ging, behandeln dieses und die folgenden Gebote unsere Beziehung zu den Mitmenschen; es geht nun um unsere Nächstenliebe. Aber auch diese Lebensregeln stehen ganz unter der Grundsatzerklärung: “Ich bin der Herr, dein Gott, der dich aus Ägypten geführt hat; aus dem Sklavenhaus. Du sollst neben mir keine anderen Götter haben.”

Das Gebot heißt im ganzen Wortlaut: “Ehre deinen Vater und deine Mutter – (hier fügt das Deuteronomium ein:) wie es dir der Herr, dein Gott, zur Pflicht gemacht hat –, damit du lange lebst in dem Land, das der Herr, dein Gott, dir gibt” (Ex 20, 12; Dt 5, 16).

Ein Gebot nicht nur für kleine Kinder

Wir verbauen uns das Verständnis dieses Gebotes, wenn wir in dem “du”, das hier angesprochen ist, die kleinen Kinder sehen. Auch die erwachsenen Söhne und Töchter müssen in ihren Eltern die Urautorität anerkennen, die Gott gesetzt hat. Sie sind die ersten Träger und Hüter des Rechts, der Sitte und der ganzen Überlieferung. Sie sind die Erstverantwortlichen für die Erziehung ihrer Kinder. Deshalb genießen sie in der Bibel ein hohes Ansehen. Das Alte Testament hat eine sehr konkrete Vorstellung von dem, was in diesem Zusammenhang “verunehren” heißt: Mißhandlung, Aufkündigung der Gemeinschaft, Fluch, Verdrängung aus dem Haus, Schande bereiten, die eigene Weigerung, sich in ein geordnetes Leben einzufügen. Umgekehrt verpflichtet das Wort “ehren” zu jeder guten Handlung, die den Eltern Ehrfurcht bezeugt und ihr Ansehen wahrt und mehrt. Das Gebot ist offen für sehr viele gute Haltungen und Taten. Dem Volk Israel wird hier deutlich vor Augen gestellt, daß der Besitz des Gelobten Landes und damit die Zukunft von einer intakten Gemeinschaft und Harmonie zwischen den Generationen abhängt. Jeweils beide Generationen sind notwendig für eine gute Zukunft: die Eltern mit ihrer Erfahrung und die Jugend mit ihrer Aufgeschlossenheit für Neues.

"Man muß Gott mehr gehorchen als den Menschen."

Jesus hält das Gebot der Elternehrung für so gewichtig, daß er die Erlaubnis der Rabbinen, das den Eltern Zustehende dem Tempel als Weihegabe zu überlassen, radikal verurteilt (Mt 15, 3-9). Er kennt allerdings auch den Mißbrauch elterlicher Beeinflußung. Wenn die Eltern zum Beispiel dem Glauben an ihn im Wege stehen, kann er ausrufen: "Denn ich bin gekommen, um den Sohn mit seinem Vater zu entzweien und die Tochter mit ihrer Mutter und die Schwiegertochter mit ihrer Schwiegermutter; und die Hausgenossen eines Menschen werden seine Feinde sein. Wer Vater und Mutter mehr liebt als mich, ist meiner nicht würdig, und wer Sohn oder Tochter mehr liebt als mich, ist meiner nicht würdig" (Mt 10, 35-37). Das 4. Gebot darf also keineswegs überdehnt werden. Keine Autorität in Gesellschaft, Staat und Kirche darf absolut gesetzt werden. Immer gilt: "Man muß Gott mehr gehorchen als den Menschen" (Apg 5, 29)! Es gibt neben den rechtmäßigen leider auch unrechtmäßige Gehorsamsforderungen. Der Gehorsam im Sinne einer Bereitschaft zum Hören muß zunächst eine Tugend der "Autoritäten" sein. Ehe sie befehlen, müssen sie selbst hinhören auf die Weisungen Gottes und ihr eigenes

Gutdünken zurückstellen. Und ebenso sind sie von der jeweiligen Sache her an den Sachverstand der "Sachverständigen" und deren Rat verwiesen, ehe sie entscheiden.

Weder zu große Härte noch Verwöhnung

Auch der Apostel Paulus richtet seine Mahnung nicht nur an die Kinder, sondern auch an die Eltern, wenn er schreibt: "Ihr Kinder, gehorcht euren Eltern, wie es vor dem Herrn recht ist. Ehre deinen Vater und deine Mutter: Das ist ein Hauptgebot, und ihm folgt die Verheißung: damit es dir gut geht und du lange lebst auf der Erde. Ihr Väter, reizt eure Kinder nicht zum Zorn, sondern erzieht sie in der Zucht und Weisung des Herrn" (Eph 6, 1-4). Oder an anderer Stelle: "Ihr Kinder, gehorcht euren Eltern in allem; denn so ist es gut und recht im Herrn. Ihr Väter, schüchtert eure Kinder nicht ein, damit sie nicht mutlos werden" (Kol 3, 20-21). Zorn und Mutlosigkeit der Kinder und Jugendlichen sind ein Hinweis darauf, daß die Eltern in ihrer Aufgabe versagen durch eine Erziehung von zu großer Härte oder zu großer Verwöhnung.

Das Beispiel Jesu und seiner Eltern

Der zwölfjährige Jesus im Tempel gibt uns ein Beispiel recht verstandenen Gehorsams. Weil er nach der Wallfahrt in Jerusalem bleibt, suchen ihn die Eltern drei Tage lang, bis sie ihn endlich finden. "Als seine Eltern ihn sahen, waren sie sehr betroffen, und seine Mutter sagte zu ihm: Kind, wie konntest du uns das antun? Dein Vater und ich haben dich voll Angst gesucht. Da sagte er zu ihnen: Warum habt ihr mich gesucht? Wußtet ihr nicht, daß ich in dem sein muß, was meinem Vater gehört? Doch sie verstanden nicht, was er damit sagen wollte. Dann kehrte er mit ihnen nach Nazaret zurück und war ihnen gehorsam. Seine Mutter bewahrte alles, was geschehen war, in ihrem Herzen. Jesus aber wuchs heran und seine Weisheit nahm zu und er fand Gefallen bei Gott und den Menschen" (Lk 2, 48-52). Jesus gehorcht seinen Eltern. Das ist gut für ihn, denn es fördert seine Weisheit. Doch auch für ihn gibt es Situationen, wo er Gott mehr gehorchen muß als den Menschen. Und umgekehrt üben die Eltern Jesu ihre Autorität so aus, daß sie offen sind für den Willen Gottes mit ihrem Kind.

Das Gebot schützt die Überlieferung und ihre Träger

Eine Gesellschaft wie die unsere, die eine ausgesprochen altersfeindliche "Jugendlichkeit" zu ihrer Göttin erhebt, mag das 4. Gebot als Relikt aus grauer Vorzeit ansehen, aber dann wird ihre eigene Zukunft grauer – weil unmenschlicher – sein als alle Vergangenheiten. Denn für das Leben jeder Gemeinschaft – ob Familie, Kirche oder Volk – sind Recht, Sitte und Überlieferung (Traditionen) von entscheidender Bedeutung. Dieses Gebot fragt uns nach unserer Haltung nicht nur gegenüber unseren Eltern, sondern gegenüber allen kirchlichen und weltlichen Trägern und Hütern von Recht, Sitte und Überlieferung.

5. "Du sollst nicht morden."

Die frühere Übersetzung dieses Gebotes hieß: "Du sollst nicht töten." Sie ließ vermuten, daß grundsätzlich jedes Töten verboten ist. Doch nicht jedes Töten war in Israel durch Gott verboten. Das Alte Testament kennt z. B. die Todesstrafe und den "Heiligen Krieg", in dem das "Gelobte Land" – das Gott selbst seinem Volk gegeben hat – verteidigt wird.

Die neue Übersetzung vermeidet dieses Mißverständnis. Denn in unserem Gebot ist das ungesetzliche und gemeinschaftswidrige Töten gemeint. Das heimtükkische Totschlagen und das Morden sind verboten. Zugleich will das Gebot vor jedem leichtfertigen und fahrlässigen Töten warnen und zu entsprechender Vorsicht mahnen. Kurz: Es geht hier darum, daß man sich in einer menschlichen Gemeinschaft gegenseitig leben läßt. Denn das Leben ist das höchste irdische Gut des Menschen.

Mord und Selbstmord

Gott allein ist der Herr über Leben und Tod. Deshalb ist die bewußte und geplante Tötung eines Menschen – der Mord – nicht nur ein schweres Verbrechen, sondern auch eine schwere Sünde.

Wir wissen heute, daß der Selbstmord (Suizid) oft mehr die Folge einer Krankheit ist als Sünde. In der Regel nehmen sich Menschen das Leben, weil sie keinen Ausweg mehr sehen. So ist ihre Freiheit und damit ihre eigene Verantwortlichkeit eingeschränkt oder ganz aufgehoben. Trotzdem müssen wir am Grundsatz festhalten, daß niemand das Recht hat, sich das Leben zu nehmen. Denn das Leben ist ein Geschenk Gottes, auch wenn es uns manchmal schwerfällt, dies wahrzunehmen. Aus dem gleichen

Grund darf der Mensch auch nicht absichtlich und freiwillig seiner Gesundheit Schaden zufügen.

Sterbehilfe

Auch eine aktive Sterbehilfe (aktive Euthanasie) ist nicht erlaubt, selbst wenn der Patient die Tötung verlangt, um das Todesleiden abzukürzen. Der Sterbende braucht Hilfe und Beistand zur Linderung seiner Schmerzen; doch niemand hat das Recht, auch wenn es verlangt wird, sein Leben zu vernichten.

Abtreibung

Das Gebot schützt das menschliche Lebensrecht von der Empfängnis bis zum natürlichen Tod. Deshalb ist die Tötung eines Kindes im Mutterleib (Abtreibung) während keiner Frist und aufgrund keiner Notlage (Indikation) erlaubt, denn der Mensch ist vom ersten Augenblick seiner Entwicklung, d. h. von der Vereinigung der Elternzellen an, wirklicher und echter Mensch, der ein Recht auf die Hilfe und Fürsorge seiner Mitmenschen hat.

Staat und Kirche müssen durch ihre Hilfsangebote menschliche Notlagen überwinden helfen. Lediglich bei einem ärztlichen Eingriff, um das bedrohte Leben der Mutter zu retten, kann der Tod eines Kindes als unbeabsichtigte und unvermeidliche Folge hingenommen werden. Ob der Staat die Abtreibung strafrechtlich verfolgt oder nicht, ändert nichts an der strengen Gewissenspflicht, gerade dieses wehrlose und unschuldige Menschenleben zu schützen und zu bewahren. Die Ehrfurcht vor dem Leben ist eines der wichtigsten Güter der Menschheit. Es ist noch zu wenig bekannt, daß auch Verhütungsmittel frühstabtreibend wirken, soweit sie die rechtzeitige Einnistung der befruchteten Eizelle verhindern. Dies ist der Fall bei der "Spirale", bei der "Pille danach", aber auch bei den neuen niedriger dosierten "Pillen", die den Eisprung nicht mehr immer unterdrücken.

Der Mensch ist Person

Das Leben des Menschen darf nicht angetastet werden, weil er Person ist, d. h. von Gott geschaffen, einmalig und fähig zu einem Leben in der Wahrheit und in der sittlichen Ordnung. Die Personalität kann unbewußt (Schlaf), unentfaltet (Kind), verborgen (Embryo) oder verhindert (Krankheit) sein. Dadurch unterscheidet sich aber der gesittete Mensch vom Barbaren, daß er sie auch in dieser Verhüllung achtet. Das Verbot, den Menschen zu töten, bildet die äußerste Zuspitzung des Verbotes, ihn als Sache zu behandeln. Es braucht nicht getötet zu werden, damit gelebt werden kann. Jedes Leben kann geachtet und geschützt werden, wenn die Mitmenschen zu Opfer und dienender Liebe bereit sind.

Todesstrafe und Krieg

Die Todesstrafe fällt für Israel nicht unter dieses Verbot, wenn sie die Rechtsgemeinde im Namen Jahwes verhängt. Gerade auf Mord steht in Israel die Verurteilung zum Tod – nach dem Grundsatz von Gen 9, 6: "Wer Menschenblut vergießt, dessen Blut wird durch die Menschen vergossen. Denn: Als Abbild Gottes hat er den Menschen gemacht." Hier zeigt sich der innere Grund für das Tötungsverbot: Wer sich als einzelner am Menschenleben vergreift, tastet die göttliche Würde des Mitmenschen an. Die Rechtsgemeinde ist aufgerufen, das göttlich verbriefte Rechtsgut des menschlichen Lebens durch Verhängung der höchsten Strafe bei seiner Übertretung zu garantieren.

Das Gebot verbietet auch den Krieg nicht. Spätestens nach dem Einzug ins Gelobte Land hat der "Heilige Krieg" den Charakter eines Verteidigungskriegs erhalten. Der einzelne Krieger handelt hierbei im Auftrag der Volksgemeinschaft, die sich in einer Notwehrsituation befindet.

Notwehrrecht und Gewaltverzicht

Das Neue Testament denkt in der Frage der Todesstrafe und der Erlaubtheit des Kriegsdienstes nicht prinzipiell anders. Freilich kann man aus guten Gründen auf ein Recht, das man hat, verzichten. Die Berufung auf das Beispiel der Gewaltlosigkeit in Jesu Lehre und Leben und auf den "Geist des Neuen Testamentes" ist sicher ein guter Grund für einen solchen Verzicht. Das brennende Problem, ob ein Staat in einer Notwehrsituation auf sein Notwehrrecht verzichten soll, bleibt allerdings nach wie vor sehr kompliziert. Friede in Unfreiheit ist kein wirklicher Friede. Wer für die Gerechtigkeit nicht kämpft, unterstützt die Ungerechtigkeit. Deshalb bejaht die Kirche ein Notwehrrecht nicht nur für den einzelnen, sondern auch für ein ganzes Land. Ein ungerechter Angreifer darf mit geeigneten Mitteln abgewehrt werden. Er darf sich und die Seinigen verteidigen und vor schwerem Schaden bewahren. Während eines Konfliktes ist die Moral nicht außer Kraft gesetzt. Weil jeder Krieg schrecklich ist, muß er möglichst vermieden werden. Ein übertriebenes Wettrüsten beraubt die Armen der notwendigen Hilfe.

Ausbeutung und Unterdrückung

Die Propheten haben Israel gelehrt, daß der Geist des fünften Gebotes seinen Buchstaben übersteigt. Leben ist ja mehr als ein bloßes Existieren, es meint ein gefülltes und menschenwürdiges Dasein. Darum ist für die Propheten bereits jede Art von schwerer wirtschaftlicher Ausbeutung und rechtlicher und sozialer Unterdrückung "Blutschuld". Jede Handlung wider den Mitmenschen, die ihn zu einem bloßen Mittel oder zu einer dem eigenen Ich verfügbaren Sache degradiert, liegt für die Propheten auf der Linie zum Mord hin.

Jesus vertieft das Gebot

Auf gleiche Weise vertieft Jesus das Gebot, wenn er in der Bergpredigt sagt: "Ihr habt gehört, daß zu den Alten gesagt worden ist: Du sollst nicht töten; wer aber jemanden tötet, soll dem Gericht verfallen sein. Ich aber sage euch: Jeder, der seinem Bruder auch nur zürnt, soll dem Gericht verfallen scin; und wer zu seinem Bruder sagt: Du Dummkopf! soll dem Spruch des Hohen Rates (= oberster jüdischer Gerichtshof) verfallen sein; wer aber zu ihm sagt: Du (gottloser) Narr! soll dem Feuer der Hölle verfallen sein" (Mt 5, 21 f).

Es geht in diesem Gebot nicht nur darum, daß wir niemanden töten, sondern daß wir keinem das Leben unerträglich machen, daß wir keinen anderen seelisch oder moralisch fertigmachen. Wir können einem Mitmenschen außerdem schaden, indem wir ihm ein Ärgernis geben und ihn so zur Sünde verführen. Dann gefährden wir nicht sein irdisches Leben, sondern sein ewiges Heil. Jesus hat die Friedensstifter seliggepriesen.

6. "Du sollst nicht die Ehe brechen"

Dieses Gebot will die Lebensgemeinschaft von Mann und Frau in Ehe und Familie schützen. Jedem Volk muß daran liegen, daß die Ehen und Familien Bestand haben. Vor allem die Kinder brauchen die Geborgenheit bei beiden Eltern und das Beispiel ihrer treuen Liebe.

Der Ehebruch

Mit diesem Gebot stellt Gott die Ehe auch unter seinen Schutz. Er selbst hat die Ehe begründet, indem er den Menschen als Mann und Frau erschaffen und zu einer fruchtbaren Liebe berufen hat (Gen 1, 27 f; 2, 21-25). Deshalb ist jeder Ehebruch nicht nur ein Verstoß gegen die Treue zum Ehepartner, sondern auch eine Sünde. Als die Frau des Potifar mit Josef schlafen wollte, weigerte er sich und sagte: "Mein Herr hat mir nichts vorenthalten als nur dich, denn du bist seine Frau. Wie könnte ich da ein so großes Unrecht begehen und gegen Gott sündigen" (Gen 39, 7 ff). Die geschlossene Ehe darf nicht gebrochen werden, weil sie vor der Gemeinschaft des Volkes Israel und damit vor Jahwe gültig ist. Wer die Ehe verletzt, stört die Gemeinschaft des Bundesvolkes. Das Stichwort des Bundes gibt uns ein neues Motiv für die eheliche Treue. In der treuen Liebe von Mann und Frau soll sich nämlich die Treue Gottes zu seinem Volk spiegeln. Von hier aus gesehen ist der Ehebruch ein Gegenzeugnis zur Treue Gottes und damit ein Zeugnis des Unglaubens.

Die Scheidung

Der göttliche Plan der Ehe ließ sich in Israel nicht allgemein durchhalten. So kennt das Alte Testament neben der Einehe auch die Vielehe, die allerdings im

Laufe der Zeit aufgegeben wurde. Die Scheidung blieb möglich, aber das Recht dazu hatte allein der Mann.

Jesus ruft den ursprünglichen Plan Gottes in Erinnerung. Alle Zugeständnisse sind für ihn die Folge von Herzenshärte: “Nur weil ihr so hartherzig seid, hat Mose euch erlaubt, eure Frauen aus der Ehe zu entlassen. Am Anfang war das nicht so. Ich sage euch, wer seine Frau entläßt, obwohl kein Fall von Unzucht vorliegt, und eine andere heiratet, der begeht Ehebruch” (Mt 19, 8 f).

In der Fassung, in der Markus das Wort überliefert hat, wird deutlich, daß Jesus in dieser Frage Mann und Frau gleich behandelt haben will: “Wer seine Frau aus der Ehe entläßt und eine andere heiratet, begeht ihr gegenüber Ehebruch. Auch eine Frau begeht Ehebruch, wenn sie ihren Mann aus der Ehe entläßt und einen anderen heiratet” (Mk 10, 11 f).

Für Jesus gilt: “Was Gott verbunden hat, das darf der Mensch nicht trennen” (Mt 19, 6).

Auch alle Machenschaften, die zum Ehebruch verleiten können, führen zum Verderben. Deshalb finden wir in den Zehn Geboten die ergänzende Bestimmung:

“Du sollst nicht nach der Frau deines Nächsten verlangen.”

Bereits im begehrenden Herzen mit seinen oftmals ungeordneten und unkontrollierten Wünschen beginnt der Ehebruch. In dieser Linie liegt es auch, wenn Jesus in der Bergpredigt sagt: “Ihr habt gehört, daß gesagt worden ist: Du sollst nicht die Ehe brechen. Ich aber sage euch: Wer eine Frau auch nur lüstern ansieht, hat in seinem Herzen schon Ehebruch mit ihr begangen” (Mt 5, 27).

Die rechte Ordnung der Sexualität

Indem dieses Gebot den Ehebruch verbietet und so die Ehe schützt, geht es in ihm auch um den rechten Gebrauch der menschlichen Geschlechtskraft (Sexualität). Denn jede Unordnung in diesem Bereich gefährdet zukünftige oder bestehende, die eigene oder fremde Ehen.

Weil die Geschlechtskraft von Gott geschaffen ist, ist sie weder böse noch schmutzig, sondern gut. Sie gehört zu den ursprünglichen Daseinskräften und ist buchstäblich darauf gerichtet, das Menschengeschlecht im Sein zu erhalten. Doch wenn sie entartet, dann übertrifft sie an selbstzerstörerischer Wucht alle anderen menschlichen Dränge und Triebe. Gerade darum bedarf sie auch in besonderem Maße der wahrenden und wehrenden Ordnung. Die gottgewollte Beherrschung des Geschlechtstriebes vor und in der Ehe heißt Keuschheit. Die ehrfürchtige Scheu vor der Preisgabe der eigenen und fremden Intimsphäre im geschlechtlichen Bereich heißt Schamhaftigkeit. Bei der Haltung der Keuschheit geht es also nicht um eine Schwächung der Geschlechtskraft, sondern darum, Ordnung zu schaffen im Bereich der Sexualität. Innerliche Ordnung heißt: die Dinge sehen wie sie wirklich sind und aus der so ergriffenen Wahrheit leben.

Die Zuchtlosigkeit des Begehrens macht den Menschen geistig blind und lähmt seine Entscheidungskraft. Zuchtlosigkeit gibt sich nicht hin, sie gibt sich preis. Sie ist egoistisch auf den "Preis" bedacht, auf das Entgelt erschlichener Lust. Das Wesen der Unzucht ist der Egoismus.

Es ist ein Unterschied, ob jemand aus Ansturm der Leidenschaft, aus Schwachheit einmal oder gelegentlich unbeherrscht handelt oder ob er seine Unzucht zu einer Haltung machen will. Das sexuelle Reizklima, in dem wir heute leben, macht es nicht leicht, in diesem Bereich Ordnung zu schaffen. Aber der Einsatz lohnt sich. Denn die innere Ordnung in diesem Bereich ist die Voraussetzung dafür, daß der Mensch in seiner selbstlosen Hingabe und Liebe zum anderen wirklich glücklich wird.

Geschlechtliche Liebe als Ausdruck göttlicher Liebe

Für den Christen ist die Befriedigung des Geschlechtstriebes mehr als die Stillung der eigenen Lust. Sie ist auch mehr als der leibliche Ausdruck der Liebe, die Mann und Frau füreinander empfinden. Sie ist auch mehr als eine Tätigkeit, die nur darauf zielt, Kinder zu zeugen. Die geschlechtliche Liebe umfaßt dies alles. Aber darüber hinaus ist sie wirksamer Ausdruck der Liebe Gottes zu den Menschen, der Liebe von Jesus Christus zu seiner Kirche. Darum ist für den Christen die geschlechtliche Vereinigung nur innerhalb der Ehe erlaubt.

Mißbräuche der Sexualität

Kein Trieb des Menschen ist so eng mit der Liebe verknüpft wie die Sexualität. Deswegen ist der Mensch in diesem Bereich auch sehr verletzlich. Jeder sexuelle Egoismus verstößt gegen die Würde der menschlichen Person. Von Natur aus auf den anderen und auf das Kind bezogen, darf ich meine Geschlechtskraft nicht ausschließlich für mich benutzen. Gerade weil der Egoismus in diesem Gebiet sich so zerstörerisch auswirkt, bedarf die geschlechtliche Liebe des Schutzes und der Geborgenheit durch die Einrichtung der Ehe. Die Ehe, vor allem aber das Sakrament der Ehe, will Mann und Frau helfen, sich mit Leib und Seele so zu lieben, wie es dem Willen Gottes entspricht.

So ist nicht nur der Ehebruch eine Sünde im Bereich dieses Gebotes, sondern jeder Mißbrauch der geschlechtlichen Liebe. Zu solchen Mißbräuchen gehören die Selbstbefriedigung, die Homosexualität, der voreheliche Geschlechtsverkehr. Es gibt auch einen Mißbrauch der geschlechtlichen Liebe innerhalb der Ehe.

Die positiven Seiten des Gebotes

Wir sollten aber die positive Seite des Verbotes nicht übersehen. Weil die Ehe im Gottesbund geschützt wird, kann die Wertschätzung dieser einzigartigen Gemeinschaft, die Jahwe selbst gestiftet hat, im Gottesvolk wachsen.

Für den Christen bedeutet somit das Gebot:

- Du sollst Ehrfurcht vor den geschlechtlichen Kräften haben.
- Du sollst dich selber in Zucht nehmen.
- Du sollst dich für eine künftige eheliche Partnerschaft oder für die Ehelosigkeit um Jesu willen bewahren.
- Du sollst die geschlechtliche Begegnung nur in der Verantwortung selbstloser Liebe und ehelicher Bindung suchen.
- Du sollst deinem Ehepartner immer ("in guten und bösen Tagen") die Treue halten.
- Du sollst nicht die Ehe anderer Menschen gefährden oder gar zerstören.
- Du sollst niemanden zur Untreue verführen.

Paulus sagt: "Wißt ihr nicht, daß euer Leib ein Tempel des Heiligen Geistes ist, der in euch wohnt und den ihr von Gott habt? Verherrlicht also Gott in eurem Leib" (1 Kor 6, 19 f).

Jesus sagt: "Selig, die ein reines Herz haben, denn sie werden Gott schauen" (Mt 5, 8).

Gebet des hl. Thomas von Aquin: "Gib mir, Herr, ein wachsames Herz, das kein leichtfertiger Gedanke von dir ablenkt, ein edles Herz, das keine unwürdige Leidenschaft erniedrigt, ein gerades und aufrechtes Herz, das kein gemeines Streben auf Abwege verführen kann, ein starkes Herz, das keine Trübsal beugt, ein freies Herz, das sich von keiner bösen Leidenschaft verführen läßt."

7. "Du sollst nicht stehlen."

Dieses Gebot scheint auf den ersten Blick einsichtig und leicht verständlich zu sein. Es wird meistens so ausgelegt, daß es das Eigentum des Mitmenschen schützt. Andererseits ist aber schon längst aufgefallen, daß dieses und das zehnte Gebot sich in gewisser Weise überschneiden. Das zehnte Gebot heißt nämlich:

"Du sollst nicht das Haus deines Nächsten begehren, nicht sein Feld, seinen Sklaven oder seine Sklavin, sein Rind oder seinen Esel, nichts, was deinem Nächsten gehört" (Dtn 5, 21).

Schutz der Freiheit

Doch wie soll man das Stehlen und das Verlangen nach fremdem Gut streng voneinander trennen? Genauere Untersuchungen haben ergeben, daß ursprünglich bei diesem Gebot der Diebstahl eines Menschen gemeint gewesen ist. So finden wir im Alten Testament in dem Kapitel, das auf die Zehn Gebote folgt, die Vorschrift:

"Wer einen Menschen raubt, gleichgültig, ob er ihn verkauft hat oder ob man ihn noch in seiner Gewalt vorfindet, wird mit dem Tod bestraft" (Ex 21, 16). Beim Diebstahlverbot ist also zunächst an Freiheitsberaubung gedacht. Es ist verboten, einen Israeliten gewaltsam zu versklaven, sei es zu eigenem Gebrauch, sei es zum Verkauf an andere. Wer einem Israeliten die Freiheit raubt, verletzt die Bundesgemeinschaft Israels und greift das Volk Gottes an. Gott wendet sich in diesem Gebot gegen jede ungerechte Freiheitsberaubung, die einem Menschen angetan werden kann. Wer gegen die persönliche Freiheit eines Menschen verstößt, richtet sich gegen den Heilswillen Gottes, wie er im Bund zum Ausdruck kommt.

Schutz des Eigentums

Neben der Freiheit schützt dieses Gebot auch all das, was dem Mitmenschen persönlich gehört, also seinen Besitz, bzw. sein Eigentum. Ja, es braucht ein Minimum an Eigentum, um die Freiheit des Menschen zu gewährleisten. Das Alte Testament ist durchweg "eigentumsfreundlich", gerade weil es weiß, daß aller Besitz des Menschen letztlich "nur" Leihgabe Gottes ist. Der "Prediger" rät: "Iß mit Freuden dein Brot und trink deinen Wein mit freudigem Herzen" (Koh 9, 7). Die Weisen Israels empfehlen ein Leben ohne Armut und ohne Reichtum: "Gib mir weder Armut noch Reichtum, nähre mich mit dem Brot, das mir nötig ist, damit ich nicht – satt geworden – dich verleugne und sage: Wer ist denn der Herr?, damit ich nicht als Armer zum Dieb werde und mich am Namen meines Gottes vergreife" (Spr 30, 8-9).

Gefahren des Reichtums

Vor allem die Propheten kritisieren einen ungezügelten Erwerbstrieb und erinnern eindringlich daran, daß jeder Besitz auch verpflichtet, für die Notleidenden zu sorgen.

Auch Jesus warnt vor den Gefahren des egoistischen Reichtums: "Eher geht ein Kamel durch ein Nadelöhr, als daß ein Reicher in das Reich Gottes gelangt" (Lk 18, 25). Der reiche Mann muß nach seinem Tod in der Unterwelt qualvolle Schmerzen leiden, weil er dem armen Lazarus vor seiner Tür nichts gegeben hat (vgl. Lk 16, 19-31). Ja, es sind gerade die Armen, die Jesus seligpreist (vgl. Mt 5, 3; Lk 6, 20). Für Jesus ist klar: "Niemand kann zwei Herren dienen; er wird entweder den einen hassen und den anderen lieben, oder er wird zu dem einen halten und den anderen verachten. Ihr könnt nicht beiden dienen, Gott und dem Mammon" (Mt 6, 24). Darum sagt Jesus auch: "Sammelt euch nicht Schätze hier auf der Erde, wo Motte und Wurm sie zerstören und wo Diebe einbrechen und sie stehlen, sondern sammelt euch Schätze im Himmel, wo weder Motte und Wurm sie zerstören und keine Diebe einbrechen und sie stehlen" (Mt 6, 19 f).

Gottvertrauen und...

Daraus folgt, daß wir uns keine falschen Sorgen machen sollen: "Sorgt euch nicht um euer Leben und darum, daß ihr etwas zu essen habt, noch um euren Leib und darum, daß ihr etwas anzuziehen habt... Euer himmlischer Vater weiß, daß ihr das alles braucht. Euch aber muß es zuerst um sein Reich und um seine Gerechtigkeit gehen; dann wird euch alles andere dazugegeben. Sorgt euch also nicht um morgen (...). Jeder Tag hat genug eigene Plage" (Mt 6, 25-34).

...ordentliche Arbeit

Damit wir jedoch nicht zu falschen Schlußfolgerungen gelangen, prägt Paulus uns eine Regel ein: “Wer nicht arbeiten will, soll auch nicht essen. Wir hören aber, daß einige von euch ein unordentliches Leben führen und alles mögliche treiben, nur nicht arbeiten. Wir ermahnen sie und gebieten ihnen im Namen Jesu Christi, des Herrn, in Ruhe ihrer Arbeit nachzugehen und ihr selbstverdientes Brot zu essen” (2 Thess 3, 10-12).

“Haben, als hätte man nicht” (vgl. 1 Kor 7, 29 ff) ist die Formel für das christliche “Besitzen”. Wir müssen fähig bleiben oder werden, alles, was wir haben, wieder loszulassen. Denn “das Totenhemd hat keine Taschen”. Das Gebot fordert vom Christen nicht nur eine große Freigebigkeit, sondern auch den Einsatz für gerechte und menschenwürdige Erwerbs- und Arbeitsverhältnisse.

Der Mensch ist keine Ware

Vor allem aber dürfen wir die ursprüngliche Bedeutung des Gebotes nicht vergessen. Wir können sie so formulieren: Du wirst den Mitmenschen nicht zur Ware machen oder zum bloßen Mittel deines Erwerbstriebes. Auch des Menschen Arbeit darf nie zur bloßen Ware werden. Das ausweglose wirtschaftliche Ausgeliefertsein eines Menschen an einen anderen widerspricht dem biblischen Gottesrecht, ganz gleich, ob dieser wirtschaftliche “Herr” ein Einzelmensch, eine Gesellschaft oder der Staat ist. So betrachtet, ist das Diebstahlverbot immer noch aktuell.

Ja, diese Aktualität nimmt noch zu, wenn wir bedenken, daß es nicht nur eine wirtschaftliche, sondern auch eine politische Unfreiheit gibt. Viele Menschen sind nicht nur Opfer eines ungezügelten Erwerbstriebes, sondern auch eines ungezügelten Machtstrebens. Gott wendet sich in diesem Gebot gegen jegliche ungerechte Freiheitsberaubung, die einem Menschen angetan werden kann, da alle in Christus zur Freiheit berufen sind.

8. "Du sollst nicht falsch gegen deinen Nächsten aussagen."

Wörtlich heißt dieses Gebot: "Du sollst nicht als Lügenzeuge gegen deinen Nächsten aussagen." Gedacht ist hier in erster Linie an die Situation einer Gerichtsverhandlung. Jeder Israelit konnte aufgefordert werden, bei einem Schiedsgericht am Tor der Stadt als Richter oder Zeuge mitzuwirken. Dabei lag eine schwere Verantwortung auf seinen Schultern. Stets ging es nämlich um die Ehre, das Ansehen und das Recht, ja, oft auch um das Leben seines Mitbürgers. Diese hohen Güter eines Menschen sollten durch das Gebot geschützt werden.

Bereits innerhalb des Alten Testamentes ist das Verbot ausgeweitet worden. Im Buch Deuteronomium heißt es nämlich: "Du sollst nicht als falscher Zeuge aussagen gegen deinen Nächsten" (5, 20). Nicht nur eine lügenhafte Aussage, sondern auch eine sachlich falsche oder nicht ganz richtige kann dem Mitmenschen schweren Schaden an Leben, Leib und Ehre zufügen. War der "Nächste" ursprünglich einfach der Genosse im Bund mit Jahwe, so meinte man damit später jeden Menschen, mit dem man zusammenlebte. "Sinne nicht auf Unrecht gegen deinen Bruder, auch nicht gegen den Freund und Gefährten. Jede Lüge mißfalle dir; denn sie hat nichts Gutes zu erhoffen", heißt es im Buch Jesus Sirach (7, 12 f).

Es geht um die Wahrheit

Das Verbot, ein lügenhafter oder falscher Zeuge zu sein, hat es also positiv mit der Wahrheit zu tun; mit einer Wahrheit, die das Leben und Wohl eines Menschen betrifft. Gott, der Herr seines Volkes, will nicht, daß ein Mitmensch durch Lüge oder mangelnde Wahrhaftigkeit zu Schaden kommt.

Es liegt in der Linie dieses Gebotes, wenn Jesus in der Bergpredigt sagt: "Euer Ja sei ein Ja, euer Nein ein Nein; alles andere stammt vom Bösen" (Mt 5, 37). Auch das Neue Testament sieht die Lüge in ihrem Bezug zum Mitmenschen. So sagt Paulus im Brief an die Epheser: "Zieht den neuen Menschen an, der nach dem Bild Gottes geschaffen ist in wahrer Gerechtigkeit und Heiligkeit. Legt deshalb die Lüge ab und redet untereinander die Wahrheit; denn wir sind als Glieder untereinander verbunden" (Eph 4, 24 f). Ganz ähnlich drückt er sich im Brief an die Kolosser aus: "Belügt einander nicht; denn ihr habt den alten Menschen mit seinen Taten abgelegt und seid zu einem neuen Menschen geworden, der nach dem Bild seines Schöpfers erneuert wird, um ihn zu erkennen" (Kol 3, 9). Redet untereinander die Wahrheit, belügt einander nicht – es geht also darum, wie wir Menschen miteinander umgehen.

Warum ist die Lüge verboten?

Eine erste Antwort heißt: Weil sie dem Mitmenschen schadet. In unserem Zusammenleben sind wir nämlich auf die Sprache angewiesen. Wer lügt, mißbraucht die Sprache und untergräbt so das gegenseitige Vertrauen. Gibt es aber nicht auch Lügen, die dem Besten des anderen zu dienen scheinen? Müssen wir nicht manchmal lügen, wenn wir jemanden schonen, ihm eine Hoffnung erhalten, ihm einen Schmerz ersparen wollen? Dürfen wir lügen, um uns aus einer unverhältnismäßig großen Verlegenheit zu befreien?

Hier kommt es nun darauf an, sich den Zusammenhang von Wahrheit und Menschenwürde zu vergegenwärtigen. Um "zum Besten des anderen" zu lügen, müßten wir ja wissen, daß etwas anderes als die Wahrheit für den anderen das Beste ist. Das aber heißt, ihn als Objekt einer bevormundenden Fürsorge zu behandeln, die seine Menschenwürde gerade nicht respektiert. Natürlich muß ein Mensch nicht alles sagen, was er weiß. Und natürlich schuldet er seinem Nächsten Behutsamkeit und Hilfe beim Bestehen einer schmerzlichen Wahrheit. Niemandem aber schuldet er die Unwahrheit.

Das Wort ist Ausdruck der Person

Das menschliche Wort ist nicht in erster Linie ein "Werkzeug" zur Verständigung. Im Wort stellt sich die Person selbst dar, im Wort offenbart der Mensch sein Wesen. Sprache in den Dienst der Unwahrheit zu stellen, heißt, dem anderen statt einer Person eine Sache zu zeigen. Darum ist die Lüge im Grunde nicht in erster Linie ein Unrecht gegen den Belogenen, sondern eine Selbstentwürdigung dessen, der die Sprache mißbraucht. Er bringt sich selbst als Person zum Verschwinden.

Das Verbot der Lüge gilt ohne Ausnahme

Es ist einhellige Tradition aller sittlichen Lehrer und insbesondere derer des Christentums, die Lüge generell zu verurteilen und ihr Verbot nicht nur als eine Frage der Zweckmäßigkeit zu betrachten. Wäre sie dies, so könnte ich ja nie wissen, ob der andere es nicht gerade *jetzt* für zweckmäßig ansieht, die Unwahrheit zu sagen. Weniger Einhelligkeit besteht in der Beantwortung der Frage, ob es Situationen gibt, in denen Falschaussagen trotz ihres generellen Verbotes dennoch zu rechtfertigen sind und den negativen Namen "Lüge" nicht verdienen. Die Antwort hängt davon ab, ob das Wesen der Lüge im Mißbrauch der Sprache gesehen wird oder im Mißbrauch des Vertrauens. Im letzteren Fall wären Falschaussagen dann erlaubt, wenn jemand mir eine Aussage abnötigen will, der gar keinen Anspruch darauf hat und also gar keinen Grund, mir Vertrauen zu schenken.

Die Lüge verletzt die Würde der Person – des Belogenen und des Lügners

Daß jeder Mensch Person ist, wissen wir zuerst und zuletzt aus dem Glauben an den einen Gott in drei Personen. Wie die Worte, die ein Mensch spricht, sein Inneres zum Ausdruck bringen, so erkennen wir durch und in Jesus, wer und wie Gott ist. Deshalb nennt das Johannesevangelium Jesus "das Wort" (vgl. 1, 1-17). Und Jesus bekennt von sich selber: "Ich bin der Weg, die Wahrheit und das Leben; niemand kommt zum Vater außer durch mich. Wenn ihr mich erkannt habt, werdet ihr auch meinen Vater erkennen. Schon jetzt kennt ihr ihn und habt ihn gesehen" (Joh 14, 6 f). Denn Wort und Wahrheit gehören zusammen. Auch Wort und Sinn gehören zusammen. (Das griechische Wort "logos" heißt auch

Sinn.) Wir sind immer dann versucht zu lügen, wenn die Wahrheit unangenehm ist. Eine unangenehme Wahrheit können wir aushalten, wenn wir davon überzeugt sind, daß alles und das Ganze einen Sinn hat. Nur wenn das, was ist, im Grunde sinnvoll ist, ist es auch sinnvoll, es zur Kenntnis zu nehmen.

Jesus sagt: "Die Wahrheit wird euch befreien" (Joh 832). Sein Gegenspieler, der Teufel, heißt "Mörder von Anbeginn" und "Vater der Lüge". Mord und Lüge sind die beiden Weisen, das, was ist, zu verneinen, bzw. sich selbst zum Maßstab dessen, was sein darf und sein soll, zu machen.

"Die Wahrheit richtet sich nicht nach uns, lieber Sohn, wir müssen uns nach ihr richten", sagt der Dichter Matthias Claudius.

"Die Zunge ist ein Feuer..."

Der Apostel Jakobus mahnt eindringlich: "Wer sich in seinen Worten nicht verfehlt, ist ein vollkommener Mann und kann auch seinen Körper völlig im Zaum halten. Wenn wir den Pferden den Zaum anlegen, damit sie uns gehorchen, lenken wir damit das ganze Tier. Oder denkt an die Schiffe: Sie sind groß und werden von starken Winden getrieben, und doch lenkt sie der Steuermann mit einem ganz kleinen Steuer, wohin er will. So ist auch die Zunge nur ein kleines Körperglied und rühmt sich doch großer Dinge. Und wie klein kann ein Feuer sein, das einen großen Wald in Brand steckt. Auch die Zunge ist ein Feuer, eine Welt voll Ungerechtigkeit. Die Zunge ist der Teil, der den ganzen Menschen verdirbt und das Rad des Lebens in Brand setzt; sie selbst aber ist von der Hölle in Brand gesetzt. Denn jede Art von Tieren, auf dem Land und in der Luft, was am Boden kriecht und im Meer schwimmt, läßt sich zähmen und ist vom Menschen auch gezähmt worden; doch die Zunge kann kein Mensch zähmen, dieses ruhelose Übel, voll von tödlichem Gift. Mit ihr preisen wir den Herrn und Vater und mit ihr verfluchen wir die Menschen, die *als Abbild Gottes* erschaffen sind. Aus ein und demselben Mund kommen Segen und Fluch. Meine Brüder, so darf es nicht sein" (Jak 3, 2-10).

Ganzer Einsatz um die Wahrheit

Es geht in diesem Gebot um den Respekt der eigenen und der fremden Menschenwürde. Es geht darum, daß der Mensch sich um die Haltung der Wahrhaftigkeit bemüht. Er soll sich deshalb hüten vor Doppelzüngigkeit, Verstellung und Heuchelei, vor übler Nachrede und Verleumdung. Mit ganzem Einsatz soll er die Wahrheit des Glaubens, unseren Herrn Jesus Christus, bezeugen.

9. "Du sollst nicht nach der Frau deines Nächsten verlangen."

Über die Bedeutung dieses Gebotes haben wir bereits bei der Behandlung des 6. Gebotes ("Du sollst nicht die Ehe brechen") nachgedacht. Das 9. Gebot entsteht ja dadurch, daß die Frau deutlicher vom Eigentum des Mannes abgehoben wird.

Wie schon erwähnt, zeigt sich in den beiden Fassungen der Zehn Gebote im Alten Testament ein Fortschritt. Er besteht darin, daß die Frau nicht mehr einfach unter den Besitz des Mannes gerechnet wird. Weil es auch heute die Versuchung gibt, die Frau wieder zu einem Besitz des Mannes zu machen, ist es wohl gut, noch einmal darauf zurückzukommen. Diese Versuchung zeigt sich auch in der Werbung. Wenn die Frau als bloßes Sexualobjekt dargestellt wird, dann weckt das beim männlichen Betrachter den Eindruck, er könne über die Frau beliebig verfügen. Er glaubt, nach ihr als der immer bereiten Frau die Hand ausstrecken und über den Reizwert dieser schönen, leeren Geschöpfe seinen Illusionen vom "Besitz" nachhängen zu können.

Begehrlichkeit gefährdet die Würde der Frau

Aber jeder Verlust von Intimität ist ein Verlust von Freiheit. Wo bloße Haut für Lebenswirklichkeit gehalten wird, erstickt die Begabung für Zärtlichkeit. Der Geschmack und das Schamgefühl sind nicht nebensächlich. Sie sind entscheidende Vorbedingungen für die Kultur der Geschlechtlichkeit. Deren erstes Gebot ist es, daß Sexualität nicht zu einem "Ding" am Menschen verkommen darf. Wo öffentliche Begehrlichkeit auf den Thron gehoben wird, ist die menschliche Würde gefährdet. Die vagabundierende Begehrlichkeit macht den Menschen tierischer als das Tier. Denn – so sagte bereits Siegmund Freud – "Abwesenheit von Schamgefühl ist ein sicheres Zeichen von Schwachsinn". In der Tat haben wir es mit einem außerordentlich "schwachsinnigen" Zeitgeist zu tun, wenn er dort, wo er sich frei wähnt, zum Sklaven wird, weil er den Blick für das Ganze der Sexualität verloren hat und ihre Fehlformen nicht beherrscht. Wer nicht beachtet, daß die Weitergabe des Lebens, die Geschlechtskraft und die Zärtlichkeit ein unteilbares Ganzes bilden, dessen Liebe hat keine Chance, in Wirklichkeiten aufzubrechen, die größer sind als das eigene Ich.

10. “Du sollst nicht verlangen nach irgend etwas, das deinem Nächsten gehört.”

Dieses Gebot überschneidet sich mit dem siebten, wenn in beiden das Eigentum des Nächsten geschützt wird. Auch schließt das Wort, das wir mit “verlangen” übersetzen, alle Machenschaften ein, die vom begehrenden Gedanken bis zum Aneignen fremden Gutes führen. Das zehnte Gebot verbietet also alle Pläne, Unternehmungen und Versuche, die jemand unternimmt, um das Eigentum eines Mitmenschen an sich zu bringen. Wenn wir uns daran erinnern, daß mit dem siebten Gebot ursprünglich der Diebstahl eines Menschen verboten war, dann hat das zehnte Gebot seinen eigenständigen Bereich. Wenn man das siebte Gebot so ausweitet, daß es auch das Eigentum des Nächsten schützt, dann kann man dem zehnten Gebot einen anderen eigenständigen Akzent geben. Das scheint bereits bei der zweiten Fassung der Zehn Gebote der Fall zu sein, die uns im Alten Testament überliefert ist. Dort steht nämlich ein Wort, das ein rein innerliches Begehren meint. Damit untersagt dieses Gebot begehrliche Gedanken. Hier wird offenbar: In der menschlichen Selbstverwirklichung vor Gott kommt es nicht allein auf äußere Taten an, wie sie in den übrigen Verboten umschrieben werden. Die eigentlichen Entscheidungen fallen im personalen Kern des Menschen, in seinem Herzen.

Das Böse beginnt im Herzen des Menschen

Nicht erst die vollendete Untat, sondern schon ihre Wurzeln im Begehren und Verlangen des Menschen werden geächtet. Nicht nur offensichtliches Unrecht, sondern alle versteckten Intrigen, hinterhältigen Machenschaften und unsauberen Tricks werden verworfen. Während die ersten acht Gebote klare Tatbestände umreißen, geht es nun um die "Grauzone" zwischen Gut und Böse, um den Anfang des Übels im Herzen des Menschen und wie dann unrechte Absicht mit List und Raffinesse ans Licht gelangt – möglichst unter Wahrung des Anscheins von Rechtschaffenheit. Hier geht es um eine Einstellung und ein Handeln, welche ausgesprochen egoistisch und rücksichtslos den eigenen Vorteil buchstäblich auf Kosten des Mitmenschen suchen.

Wir müssen dabei berücksichtigen, daß heutzutage ganz neuartige Angriffe auf die Lebenswelt anderer möglich sind: Ausverkauf von Rohstoffen, Ausbeuten von billigen Arbeitskräften, Erschleichen von Steuervorteilen, Einheimsen von Spekulationsgewinnen, Mißbrauch von Sozialleistungen usw. All das geht auf Kosten anderer Menschen in sozial schwachen Schichten, in der Dritten Welt, in künftigen Generationen und fällt somit unter dieses Gebot.

Haben oder Sein?

Unegoistisches Begehren und wohlwollende Zuwendung, beides zusammen erst ermöglicht Glück, nicht aber banales und rücksichtsloses Haben-Wollen. Nicht Haben, sondern Sein macht glücklich. Wenn wir belastet sind durch unser begehrliches Herz, dann wollen wir uns Jesus zuwenden. Er wird uns Ruhe verschaffen. Unsere tiefste Sehnsucht, unser innerstes Begehren kann nur er stillen – er, der selbstlos unser Heil will: "Kommt alle zu mir, die ihr euch plagt und schwere Lasten zu tragen habt. Ich werde euch Ruhe verschaffen. Nehmt mein Joch auf euch und lernt von mir; denn ich bin gütig und von Herzen demütig; so werdet ihr Ruhe finden für eure Seele. Denn mein Joch drückt nicht, und meine Last ist leicht" (Mt 11, 28-30).

Dieses Gebot wird oft nicht mehr verstanden. Es sagt nämlich: Das Glück und das Gut deines Nächsten gehen dich nichts an. Du darfst dich daran freuen, mehr nicht. Raub und Diebstahl sind ohnehin schon verboten, aber du sollst auch nicht begehren, das heißt du sollst nicht den "bösen Blick" werfen, unter dem dein Nachbar leiden wird – wie du selber!

Sei nicht neidisch, Gott ist es auch nicht!

Zum Neid gehören auch der Geiz, die Mißgunst, der Wahn, ausgebeutet zu sein. Man kann dem anderen nichts gönnen, selbst wenn es unentbehrlicher Teil dessen ist, was man selbst will und braucht. Das Problem steckt nicht in den Gesellschaftsstrukturen, sondern allein im Menschen selbst. Und nur direkt in diesem kann es gemildert werden. Deshalb war der Kern der christlichen Botschaft so folgenreich: Gott ist nicht neidisch; er kann nicht auf das Glück der Menschen neidisch sein. Darum sollst auch du nicht neidisch sein! Und umgekehrt: Glück und Zufriedenheit sind keine Sünde, wenn sie nicht durch ungerechte Machenschaften zustande gekommen sind.

Seit dem Ende der 60er Jahre gibt es eine Tendenz, das zehnte Gebot umzudrehen: Jeder hat ein Recht auf Neid! Wer glaubt, ungleich behandelt zu werden, muß dagegen sofort und heftig protestieren. Ein ständig schwelender Benachteiligungsverdacht verzerrt die Wirklichkeit. Die Bibel bietet viele Hilfen an, um mit Ungleichheitserlebnissen und Neidgefühlen zurechtzukommen. Aber wer kennt diese Hilfen schon? Die jungen Menschen dürfen nicht mehr erfahren, daß Neid Sünde ist, und zwar gerade die Sünde, die zugleich den Sünder von Anfang an krank macht.

Das Training gegen die Begehrlichkeit heißt Askese

Askese heißt heute nicht nur Fasten, freiwilliger Verzicht auf Suchtmittel usw.; es heißt auch: sich Zeit nehmen und Zeit lassen füreinander; Askese heißt: sich dem Daueransturm von Reklame und Information verweigern; Askese heißt auch, daß wir uns alle miteinander fragen, ob wir uns einen uferlosen "Fortschritt" durch die Ausbeutung unserer Umwelt leisten können. Askese heißt: wohlwollende Rücksicht nehmen auf das erfüllte Leben: hier bei uns selbst und überall in der Welt.

Zur Askese gehört es dann auch, sich eine eigene Meinung zu bilden, die nicht einfach den herrschenden Meinungen folgt.

Die Gebote dienen einem erfüllten und freien Leben

Die Gebote können für unser Leben erst bestimmend und prägend werden, wenn wir darin mehr entdecken als unvermeidliche Einschränkungen, wenn sie uns Möglichkeiten eröffnen, unser Leben in Freiheit und Fülle gestalten zu können. Genau das aber wollen Gottes Gebote. "Du sollst nicht begehren...!", heißt auch "Du brauchst nicht zu begehren! Verliere dein Herz an nichts, was dich unfrei macht! Laß dich nicht fesseln von allen möglichen Begierden! Jage nicht her hinter Geld, Einfluß, Karriere, so daß du gar nicht mehr zum Leben kommst!"

Dieses Gebot will uns davon befreien, daß wir ständig auf andere schielen, sie von vornherein um das Ihre beneiden und uns so kritiklos ihre Maßstäbe diktieren lassen. Es will unseren Horizont weiten, so daß wir kurzatmiger Hektik entrinnen können, Abstand gewinnen zu unserer spontanen Raffgier und nicht hereinfallen auf Köder, die uns nur in goldene Käfige locken. Es will uns die Augen öffnen für uns selbst, damit wir unsere eigenen Talente erkennen und sie einsetzen, damit wir fähig werden, uns selber anzunehmen, eigene Ziele zu setzen, Entfremdung zu entlarven und angebliche Zwänge zu durchbrechen.

Askese gibt es auch in der Ehe

"Du sollst nicht begehren...!", das heißt für Eheleute auch: "Spekuliere nicht auf einen anderen Partner, der anscheinend alle deine Erwartungen erfüllt, sondern entdecke neu die Vorzüge des dir angetrauten Gatten!"

"Du sollst nicht begehren...!", heißt schließlich auch: "Du brauchst nicht gierig zu raffen und krampfhaft festzuhalten. Laß dich beschenken!" Was ungestümes Verlangen sich mit Gewalt nehmen kann, was List und Intrige sich erschleichen können, was käuflich ist und sicherer Besitz – was von all dem kann einen Menschen erfüllen, dem Suchen seines Herzens Ziel sein, der Tiefe seines Begehrens entsprechen?

Die wichtigsten Dinge müssen und dürfen wir uns schenken lassen

Wahrhaftigkeit und Treue anderer Menschen, ihre Zuneigung und Liebe, all das muß man sich schenken lassen; denn nicht Macht noch List noch Geld verhelfen dazu. Wer die Grenze zwischen dem Machbaren und dem, was nur geschenkt werden kann, wahrnimmt und dann riskiert, sie zu bejahen, der entrinnt seiner blinden

Betriebsamkeit, seinem hektischen Streben. Er kann loslassen und hat die Hände frei, um zu empfangen. Und er wird empfangen: Sinn im selbstlosen Engagement und Erfüllung im Dienst am Menschen, Achtung und Zuneigung anderer, ruhige Gelassenheit und unbeirrbare Freiheit im Gestalten des eigenen Lebens. Und in alledem läßt sich dann ahnen und glauben, daß wir schon längst reich beschenkt sind – durch die grenzenlose Liebe und unumstößliche Treue dessen, der zu Beginn der Zehn Gebote das Versprechen gibt: “Ich bin Jahwe, *dein* Gott!”

Wer glaubt, soll seinen Glauben kennen und bekennen. Darum ging es uns zunächst vor allem um das Glaubensbekenntnis. Dem Herrn, den wir bekennen, dürfen wir begegnen in der Feier der Sakramente. Die Gebote helfen uns, den Glauben im Alltag zu leben. In allem geht es um eine lebendige und persönliche Beziehung zu Gott. Diese Beziehung ist das Gebet.

F. DAS VATERUNSER

Das bekannteste Gebet

Das Vaterunser ist wohl das bekannteste und verbreitetste Gebet. Alle Christen kennen es. Manche behalten es im Gedächtnis, auch wenn sie den Kontakt mit einer Kirche oder einer kirchlichen Gemeinschaft längst verloren haben. Es ist das Gebet, das Jesus selbst uns gelehrt hat. Deshalb heißt es auch das Gebet des Herrn. Es ist "das vollkommenste Gebet" (Thomas von Aquin) und "die Zusammenfassung des ganzen Evangeliums" (Tertullian).

Jesus betet und lehrt beten

Die Jünger haben Jesus immer wieder als betenden Menschen erlebt. Sie spürten, daß das Gespräch mit seinem Vater die Mitte seines Lebens und seiner Person bildete. Lukas berichtet: "Jesus betete einmal an einem Ort; und als er das Gebet beendet hatte, sagte einer seiner Jünger zu ihm: Herr, lehre uns beten, wie schon Johannes seine Jünger beten gelehrt hat" (Lk 11, 1 f). Diese Bitte erfüllt Jesus, indem er seinen Jüngern das Vaterunser schenkt. Lukas hat es in einer kürzeren Fassung überliefert. Die Weise, wie wir es in unserem persönlichen Gebet und im Gottesdienst sprechen, geht auf die Fassung des Matthäus-Evangeliums zurück (Mt 6, 9-13):

Vater unser im Himmel,
Geheiligt werde dein Name.
Dein Reich komme.
Dein Wille geschehe,
wie im Himmel so auf Erden.
Unser tägliches Brot gib uns heute.

Und vergib uns unsere Schuld,
Wie auch wir vergeben
unsern Schuldigern.
Und führe uns nicht in Versuchung,
sondern erlöse uns von dem Bösen.

Spätere Textzeugen fügen dem Gebet des Herrn noch einen Lobpreis an, der teilweise auch in den kirchlichen Gottesdienst eingegangen ist:

Denn dein ist das Reich und die Kraft
und die Herrlichkeit in Ewigkeit.
Amen.

Das Vaterunser besteht aus einer Anrede und sieben Bitten, die alle wesentlichen Anliegen der Menschen enthalten. In den ersten drei Bitten geht es – wie bei den ersten Geboten – um die Beziehung zwischen Gott und dem Menschen (*Dein* Name... *Dein* Reich... *Dein* Wille...). In den weiteren vier Bitten geht es unmittelbarer um uns (*Unser* tägliches Brot... *Unsere* Schuld... Führe *uns* nicht... Erlöse *uns*...).

1. Die Anrede: "Vater unser im Himmel"

"...wagen wir zu sprechen"

Jesus hat uns gelehrt, Vater zu sagen – Gott mit dem Namen Vater anzureden. Daß mit diesem Vater Gott gemeint ist, zeigen die Worte "im Himmel", die Matthäus zur Erklärung hinzufügt. Die Juden haben den Namen Gottes aus Ehrfurcht gerne umschrieben. Mit dem Vater im Himmel ist deshalb der Vater, der Gott ist, gemeint und kein menschlicher Vater. So bekennen wir schon in der Anrede dieses Gebetes voll Ehrfurcht und Anbetung unseren Glauben an Gott. Wir dürfen das tun, weil wir als Brüder und Schwestern von Jesus Kinder Gottes sind. Wir sind berufen, am Leben und an der Liebe des dreieinigen Gottes teilzuhaben.

Mit kindlichem Vertrauen

Wenn wir zu unserem Gott "Vater" sagen dürfen, dann heißt das, daß Gott ein Liebender ist – und zwar ein Liebender, der seine Liebe nicht für sich behält, sondern sie weiterschenkt. Das nämlich macht doch die Vaterschaft aus, daß einer Liebe und Leben weitergibt. Aber weil der Vater im Himmel Gott ist, ist er im Unterschied zu allen irdischen Vätern ein Vater ohne Grenzen. Was ein menschlicher Vater an Grenzen hat, das wird aufgesprengt. Er ist der, der mich liebt, mehr als ein Vater sein Kind liebt. Das heißt erstens, daß ich alles von ihm habe, und zweitens, daß er mich auch liebt, wenn ich böse bin und seine Liebe nicht verdiene. Gott sagt sogar: Und wenn deine Mutter dich vergessen könnte, ich werde dich doch nicht vergessen (vgl. Jes 49, 15 f). Er ist besser als die besten Eltern, er ist die Liebe schlechthin; ja, er ist eine ganz persönliche Liebe – zu mir und zu allen Menschen. Gott ist nicht eine Sache, nicht eine Idee, nicht eine Kraft, sondern mein Vater. "Abba" lautet das im Aramäischen, und so sagt Jesus selbst am Ölberg. Es ist nicht das Wort für "Vater" in der gehobenen Umgangssprache, es heißt auch nicht "lieber Vater", sondern "Abba" heißt einfach "Papa". So vertraut darf und soll ich also sein mit Gott!

Alle sind und alles ist ein Geschenk des Vaters

Jesus hat gesagt: "Er läßt seine Sonne aufgehen über Bösen und Guten und er läßt regnen über Gerechte und Ungerechte" (Mt 5, 45). Ja, auch über die Ungerechten. Er ist auch ihr Vater. Und wir sollen ihm antworten, wie man einem Vater antwortet, wie in einer Familie. Die ganze Welt hat er geschaffen wie ein Vater, der für seine Kinder ein Zimmer einrichtet, worin letzten Endes alle Dinge den Stempel tragen "Geschenk vom Vater". Für den Christen stellen alle Dinge eine persönliche Verbindung her. Durch dieses "Vater" bekommt die ganze Welt ein anderes Gesicht. Die Gesetze der Welt bleiben dieselben, ob ein Gläubiger oder ein Ungläubiger sie gebraucht; aber die Anschauung von der Welt ist eine ganz andere, je nachdem, ob die Dinge für mich Briefe sind von dem, der mich liebt, oder einfach Gegenstände. Das also ist das Grundlegende: Das muß meine Auffassung von Gott sein: Du bist mein Vater. Und weil du der Vater von *allen* bist, bist du *unser* Vater. Und weil du der "himmlische" Vater bist, gebührt dir aller Dank, aller Lobpreis und alle Anbetung.

In den ersten Bitten des Vaterunsers wenden wir uns Gott zu. Es gehört wesentlich zur Liebe, zuerst an den Geliebten zu denken.

Wir tun es im Namen von Jesus, dem Sohn Gottes; denn wir sind ja Kinder Gottes durch ihn und mit ihm und in ihm. Die erste Bitte möchte in besonderer Weise unseren Glauben vermehren, die zweite unsere Hoffnung stärken und die dritte unsere Liebe entzünden.

2. Die erste Bitte: "Geheiligt werde dein Name."

Gott ist heilig

Sein Name ist "Vater". Und weshalb soll er geheiligt werden? Ist er denn nicht schon heilig? – Natürlich ist er heilig. Aber wird er auch von den Menschen heilig gehalten? Sagen sie: "Gott liebe ich. Daran lasse ich nicht rühren! Und wenn ich auch noch so viele Fehler und Sünden begangen habe, bin ich doch überzeugt, daß er mein Vater ist?" Nein! Denn all die Schandtaten auf dieser Welt und all die Qualen, und wie da geweint und gefoltert wird, und wie da Böses getan wird, und wie da zügellos gelebt wird, als ob es überhaupt keinen Gott und keine Ordnung gäbe, kein Recht mehr gälte – das alles ist Leugnung des Vaters.

Was ist dem Menschen noch heilig?

Die Wucht der Sünde läßt uns erfahren, daß dem Menschen oft nichts mehr heilig ist. Deshalb flehen wir aus tiefster Seele: "Geheiligt werde dein Name! Du sollst kommen in unser Herz und in die Herzen aller Menschen wie damals, als du in Betlehem Mensch geworden bist. Du mußt in mir Mensch werden, damit ich dich als Gott wahrnehmen und anbeten kann, damit ich dich in der Welt bezeugen und dir in meinem Alltag ganz konkret begegnen kann. Ich will dir glauben, Herr, aber ich flehe dich an: Geheiligt werde dein Name! Denn jetzt wird er nicht geheiligt."

Jesus hat sich für uns durch sein Lebensopfer geheiligt

Gerade angesichts allen Leides und aller Ungerechtigkeit muß ich mir immer wieder sagen: Gott, der Vater, ist hinter allem. Auch wenn ich es nicht verstehe; auch wenn mir alles völlig absurd erscheint; auch wenn alles voller Widersprüche ist! Gott weiß warum (hl. Bernadette). Ich will es doch glauben, einfach, weil Jesus es gesagt hat, er, der ja schließlich auch an eben dem gelitten hat, als er am Kreuze hing. Da war ja auch, menschlich gesehen, alles gescheitert, das Bild des Vaters verdunkelt! Und dann hat er doch gesagt: "Vater, in deine Hände empfehle ich meinen Geist" (Lk 23, 46). "Ich verstehe nichts mehr, aber ich bin doch sicher, daß du der Vater bist." Im Opfer Christi ist die Bitte um die Heiligung des Namens schon erfüllt.

Wir sind zur Heiligkeit berufen

Wenn ich bete: "Geheiligt werde dein Name", dann bitte ich darum, daß die Menschen Gott anerkennen. Sie sollen Ehrfurcht haben vor seiner Größe. Sie sollen seine Gesetze beachten und ihn allein anbeten. Sie sollen das Heil, das er ihnen schenken will, annehmen und ihrerseits heilig werden. Denn, wer Gott nicht anerkennt, dem wird bald nichts mehr heilig sein. Er wird die anderen, die Welt und schließlich sich selbst zugrunde richten. Die Bitte um die Heiligung seines Namens ist letztlich die Bitte darum, daß jeder Mensch die Liebe des Vaters im Himmel mit seiner eigenen Liebe beantwortet.

3. Die zweite Bitte: “Dein Reich komme”

Reich: Keiner ist allein

Das Evangelium ist voll von Aussagen über das Reich Gottes. In den Worten Jesu ist das Reich Gottes der zentrale Punkt, in den Gleichnissen des Herrn, in den Seligpreisungen vor allem. “Reich” bedeutet etwas Gemeinschaftliches, etwas Soziales. Wenn ich “Reich” sage, bin ich nicht mehr allein, sondern in Beziehung zu den anderen Menschen; da weiß ich, daß ich nicht allein sein kann, daß ich hineingeflochten bin in all die anderen Menschen; da weiß ich, daß ich nur richtig Mensch bin, wenn ich mit anderen Menschen lebe; keiner ist allein.

Die Sehnsucht nach einem Reich des Glücks

Die Menschen haben von jeher nach Reichen gesucht, nach glücklichen Reichen. In der Weltgeschichte gibt es einige berühmte und gerühmte große Reiche; man meinte, jetzt werde die Menschheit eine glückliche Periode erleben. Denken wir etwa an das Reich Alexanders des Großen oder das Römerreich oder an Napoleon. Heute sind wir wieder an einem solchen Augenblick angelangt, wo die Welt sich gewissermaßen wie eine Gebärende windet, um die berühmte *eine* Welt zu schaffen, die den ganzen Globus umspannt. Man gibt sich der Illusion hin, die Lösung aller großen wirtschaftlichen und militärischen Probleme sei eine einheitliche Welt mit *einer* Weltorganisation.

Ein Reich der Menschen?

Es wird den Menschen nicht gelingen, die glückliche Welt, jenes von Jesus verheißene Reich selbst zu schaffen; denn in jedem ihrer Reiche werden die Menschen einander hassen; auch in dieser Welt werden die Menschen einander übervorteilen; auch in ihr werden die Menschen manipuliert werden, vielleicht mehr denn je; auch in dieser Welt wird ihre Freiheit eingeschränkt sein, vielleicht um so stärker, je mehr man organisiert. Also das Reich Gottes wird es nicht sein; trotzdem werden die Christen hier eifrig mitarbeiten, denn der Einsatz für größere Gerechtigkeit hat mit dem Reich Gottes schon etwas zu tun.

Das Reich Gottes kommt...

Im Vaterunser aber bedeutet "Reich Gottes" die Herrschaft des Vaters über die Menschen. Das ist nicht die bloß äußere Herrschaft irgendeines Zwanges, sondern eben die Herrschaft des Vaters, der seine Sonne aufgehen läßt über Gerechte und Ungerechte. Dieses Reich kann nur *er* uns geben, denn es ist *sein* Reich. Die Menschen wollen *ihr* Reich. Es soll darin Gerechtigkeit für alle geben, Chancengleichheit, Achtung vor jedermann, Brüderlichkeit; keine Hungernden, keine Kranken, keine Klassen, keine Trennung der Rassen, keine Gewalt. Wir Christen wollen das alles auch, mit nicht geringerem Einsatz und doch durch und durch anders.

...durch das Kreuz

Das Reich der Gerechtigkeit, des Friedens und der Menschenliebe ist für uns aus eigenen Kräften ebenso unerreichbar wie für die Ungläubigen, aber das Versagen drückt uns Christen nicht im gleichen Maß; denn wir wissen, daß nur durch das Kreuz Jesu Christi das Reich Gottes werden kann. Rein innerweltlich betrachtet, weist das Kreuz auf ein Scheitern hin. In der Nachfolge Jesu ist es nicht nur ein persönliches Scheitern, sondern steht in

Gemeinschaft mit allen Gescheiterten. Darüber hinaus wissen wir im Glauben, daß es Durchgang zur Auferstehung ist. Dieses Wissen gibt aller Weltarbeit der Christen eine Sicherheit des Enderfolges, die der Gottlose nicht haben kann.

In Jesus Christus ist das Reich Gottes schon da

Aber das ist noch nicht alles. Man macht es sich zu leicht, wenn man das "Reich Gottes" nur für ein jenseitiges hält, das am Ende der Welt kommen wird. Nein, das Reich Gottes ist jetzt schon da. Es ist Jesus allein. Er ist das Reich Gottes, er allein. Johannes der Täufer ist der, der auf die Endzeit ausschaut. Jesus aber ist derjenige, der sagt: "Das Reich Gottes ist da; es ist noch nicht ganz offenbar, es ist noch nicht in der Fülle da, aber es ist da." In ihm ist es da, weil in ihm Gott endlich rein zur Herrschaft gekommen ist; weil da kein Widerspruch zwischen dem Willen Gottes und dem Willen des Menschen mehr ist.

Das Reich Gottes und die Kirche

Die Kirche ist nicht das Reich Gottes; sie ist lediglich der Ort, wo das Reich Gottes sich verwirklichen kann im Wort der Verkündigung, in der Feier der Sakramente und in der gelebten Liebe. Das Reich Gottes ist gewachsen und das Reich Gottes wächst noch heute. Das heißt, der Wille Gottes setzt sich durch. Schauen wir doch nicht immer nur auf das, was böse ist, was mißlingt, was falsch gemacht wird! Zwischendurch geschieht das Gute, erfüllt sich Gottes Wille, ohne Reklame, aber doch! Die Herrschaft Gottes ist weiter verbreitet, als wir ahnen und als wir glauben. Sie ist da zum Beispiel in jenem blinden Jungen, der sagte: "Ich bin seit drei Jahren blind, das heißt, daß Gott mir eine Sendung gegeben hat. Es gibt so viele Blinde auf der Welt, und jemanden muß es geben, der das zu Gott hinaufhebt und der Gott auch für diesen Mangel danken kann. Das kann ich, und deshalb habe ich eine Mission an alle Blinden, die es auf der Welt gibt."

Wir hoffen auf das Reich Gottes

Es ist nicht bloß ein Spruch, wenn man sagt: "Das Reich Gottes ist teils da und teils steht es noch aus." Wir in der heutigen Zeit müssen viel mehr daran denken, daß das Reich Gottes schon da ist. Und wir müssen uns innerlich aufmachen und sagen: "Dein Reich komme – in mich, in alle und jetzt schon" – dann ist es sicher auch da am Ende der Zeiten. So ist die Bitte um das Kommen des Reiches Ausdruck und Bitte der christlichen Hoffnung.

4. Die dritte Bitte: "Dein Wille geschehe, wie im Himmel so auf Erden."

Der Mensch möchte frei sein

Die Bitte "Dein Wille geschehe" bezieht sich auf die Freiheit des Menschen. Man könnte die Geschichte des Menschen als einen Kampf um die Freiheit ansehen: Der Mensch wird bedrängt, er wird in seiner Entfaltung gehemmt, er erleidet eine Einschränkung seiner Freiheit. Dagegen wehrt er sich und erlangt so mehr und mehr Freiheit und Selbstentfaltungsmöglichkeiten. Im Zuge dieses Immer-freier-werden-Wollens ist es gar nicht erstaunlich, daß der Mensch auch Gott gegenüber immer freier werden will. Er empfindet Gott als einen, der seine Freiheit einschränkt, der ihn herabwürdigt, der ihn an seiner Entfaltung hindert. Er sagt dann auch Gott gegenüber nicht “Dein Wille geschehe”, sondern “Mein Wille geschehe”.

Die Grenzen der Natur

Was ist der Mensch überhaupt? Zunächst hat er einen Leib. Das bedeutet, daß der Mensch in diese ganze Natur hineingehört; er ist ein Stück von ihr. Durch die Naturgesetze ist er in seinem Freiheitsdrang eingegrenzt. Die Natur ist aber nicht nur sein Feind, von dem er sich befreien muß. Im Gegenteil: An und für sich ist der Mensch in der Welt ein Teil dieser Natur – und zwar ein hervorragender Teil. Denn er kann all das erkennen und begreifen; er kann sich daran freuen. Das andere läuft gewissermaßen stumm mit. Aber im Menschen erhält alles erst einen Sinn, weil er eine Stimme hat, die antworten kann, die loben und danken kann.

Die Grenzen der menschlichen Gemeinschaft

Der Mensch ist von Natur aus ein soziales Wesen; er kann nicht sagen: Ich will einsam sein. Wir wissen, daß wir auf die anderen Menschen angewiesen sind und auf das Du. Wie die Natur, so wird auch die Menschheit von Gesetzen zusammengehalten: den sozialen Gesetzen; auch diese setzen dem Freiheitsdrang des Menschen Grenzen. Die wichtigsten Regeln für das menschliche Zusammenleben sind auf der zweiten Tafel der Zehn Gebote enthalten. Mit all diesen Grenzen ist der Mensch von Gott erschaffen worden. “Dein Wille geschehe” heißt deshalb: Die Gesetze und Gebote Gottes sollen beachtet werden.

Der Mißbrauch der Freiheit

In verschiedenen Bereichen stoßen wir heute an Grenzen unserer Möglichkeiten. Der Mensch hat die Gesetze der Natur nicht beachtet, er hat leichtsinnig drauflosgewirtschaftet, er hat die Erde ausgebeutet. Wenn nun der Mensch dem zuwiderhandelt, was eigentlich der Wille Gottes ist, dann schlägt die Natur zurück und schadet dem Menschen – das heißt, der Mensch schadet sich selbst, indem er die Gesetze der Schöpfung nicht beachtet. Das ist die Gefahr, in der wir stehen. Ähnliches gilt für die sozialen Gesetze: Wenn die Menschen zusammenarbeiten würden, wenn sie einander helfen würden – zum Beispiel im Falle des Hungers auf der Welt, aber auch in allen anderen Dingen –, dann wäre das eine glückliche Menschheit. Wenn aber der Mensch den Menschen ausbeutet, wenn er den anderen als eine Sache betrachtet, wenn er seine Menschenwürde verletzt, dann schadet das dem Menschen – nicht nur dem Opfer, sondern auch dem Täter! Auch die Menschheitsgesetze sind der Wille Gottes. Auch hier erforschen die Wissenschaften Vorgegebenes, und die Menschen müßten sich dem Gefundenen als dem Willen des Vaters beugen. Wir sind heute in der Gesellschaft und in der Gemeinschaft der Völker weit davon entfernt. Darum bitten wir: "Dein Wille geschehe", o Herr! Und daß wir nicht dagegen freveln!

Die Freiheit von Gott...

Wie steht es mit der Befreiung von Gott, den man nicht mehr zu brauchen glaubt? Jetzt kommt das Erschreckende: Wenn der Mensch Gott nicht anerkennt und sagt: "Ich weiß nichts von ihm und will nichts von ihm wissen", wenn er flucht und behauptet: "Ich hasse Gott" – was geschieht dann? Dann geschieht nichts, einfach nichts.

Die Natur mit ihren Gesetzen schlägt zurück, wenn man sie mißbraucht; die sozialen Gebilde der Menschheit schlagen zurück, wenn man den Menschen mißbraucht, und rächen sich; Gott aber schlägt nicht zurück, wenn ich ihn mißbrauche. Wie ist das zu verstehen?

...provoziert die größere Liebe Gottes

Jesus Christus hat uns eine Antwort gegeben. Er hat uns gesagt, daß sein und unser Vater uns liebt. Aber Liebe kann man nicht erzwingen. Liebe ist ein Angebot, und auf dieses Angebot muß man antworten. Liebe zum Menschen, zum freien Menschen, ist eine Herausforderung seiner Freiheit. Gott sagt zu mir: "Ich liebe dich." Dadurch bin ich ein Geliebter. Wenn ich darauf erwidere: "Ich liebe dich nicht", antwortet er: "Ich liebe dich dennoch." So ist Gott, und das ist das Geheimnis dieser Welt. Gott liebt, und deshalb läßt er seinen eingeborenen Sohn bis ans Kreuz gehen. Denken wir an das Gleichnis vom verlorenen Sohn. Der Vater läßt ihn gehen, er hindert ihn nicht. Als er zurückkommt, bestraft er ihn nicht, sondern er sagt einfach: "Ich liebe dich." Und wie der ältere Bruder das nicht begreift, redet er auch diesem gut zu: "Es ist mein Kind, das verloren war und jetzt wiedergefunden ist." Mehr sagt er nicht, denn die Liebe kann man nicht anders erklären. Das ist das große Gesetz des Christentums, das so viele nicht verstehen. Daran ist alles gelegen, daß wir solche Liebe erwidern.

"Dein Wille geschehe!"

Das heißt: Ich will die Antwort Jesu geben, der den Willen des Vaters ganz erfüllt hat und vor seinem Leiden und Sterben gesagt hat: "Nicht mein, sondern dein Wille soll geschehen" (Lk 22, 42). Ich will die Antwort Marias geben, die zum Engel Gabriel sagte: "Mir geschehe nach deinem Wort" (Lk 1, 38). Ich will dich lieben, ohne zu fragen, wozu; ich will mich hinter mir lassen und nicht mehr meinem Egoismus, meiner Selbstherrlichkeit leben, sondern einfach lieben, weil du mich liebst. "Dein Wille geschehe" ist die Bitte um die Liebe, die Gottes Gebote hält und in jeder Lage zu sagen versucht: "Ja, Vater!"

Mein Herr und mein Gott, nimm alles
von mir, was mich hindert zu dir.
Mein Herr und mein Gott, gib alles mir,
was mich fördert zu dir.
Mein Herr und mein Gott, nimm mich
mir und gib mich ganz zu eigen dir.
(Bruder Klaus)

5. Die vierte Bitte: "Unser tägliches Brot gib uns heute."

Bei Matthäus lesen wir: "Gib uns heute das Brot, das wir brauchen" (6, 11), und bei Lukas heißt diese Bitte so: "Gib uns täglich das Brot, das wir brauchen" (11, 3). Der erste Kreis der Beter sind die Jünger. Wer im Dienste Jesu und seiner Verkündigung steht, der soll sich keine Sorgen machen müssen um den notwendigen Lebensunterhalt. Die Jünger dürfen "von der Hand in den Mund" leben.

Die Bitte um den notwendigen Lebensunterhalt

Nicht nur die Jünger, sondern alle Gläubigen sind in diese Bitte einbezogen. Mit "Brot" ist all das gemeint, was wir zu unserem Lebensunterhalt brauchen. Dabei ist zu bedenken: Nicht alle Menschen brauchen gleich viel und nicht alle Menschen brauchen das Gleiche.

Bedarfswirtschaft statt Begierdewirtschaft

Die heutige Wirtschaft ist keine Bedarfswirtschaft mehr; das heißt: Sie ist nicht mehr auf das ausgerichtet, was der Mensch braucht, sondern sie ist eine Begierdewirtschaft. Alle Begierden des Menschen werden angestachelt; neue Begierden werden erfunden; Bedürfnisse werden geweckt für Dinge, die der Mensch gar nicht braucht. Wollte man im wirtschaftlichen Bereich sich mit dem bescheiden, was der Mensch wirklich braucht, müßte wohl niemand Not leiden. Es wäre eine Frage der Verteilung und des Teilens; es wäre eine Frage der Selbstlosigkeit; es wäre eine Frage, ob man verzichten kann auf die prunkende Begierdewirtschaft, die nur immer die Triebe anreizt und anheizt.

Offenheit für das Geistige und Geistliche

Die Bitte um das tägliche Brot will sagen: Sei du mit dem "Brot" zufrieden, das du brauchst, um dich zu ernähren, und plane so, daß jeder Mensch auf der Erde an jedem Tag das hat, was er wirklich zum Leben braucht. Dann kannst du eine Menschheit schaffen, die in ihrem Fundament, d. h. in dem, woran sie hängt, in ihrer Leiblichkeit, fähig ist und offen – für das Geistige und Geistliche. Damit ist noch nicht alles erreicht, aber es wäre der Angelpunkt da. Um das zu schaffen, brauchen wir aber schon das "Reich Gottes", d. h. das Reich, das Gott uns schenken will. Wir brauchen dieses Reich der Menschenfreundlichkeit und nicht dasjenige des Egoismus und der entfesselten Leidenschaften. Darum geht es bei dieser Bitte. Es gibt ein Reich der entfesselten Leidenschaften, der Begierden, und es gibt ein Reich der Selbstlosigkeit, der Nächstenliebe, und das ist das Reich Gottes. Jenes andere Reich aber ist das Reich des Satans. Beide Reiche existieren und stehen gegeneinander.

Eigentum im Interesse der Verantwortung

Hat Jesus mit dieser Bitte das Planen, die Vorsorge verboten? Das Planen hat er nicht verboten, aber vor dem übermäßigen Planen hat er gewarnt. Denn durch ein übermäßiges Planen, bei dem sozusagen alles verplant wird, wird der Mensch eigentlich entmenschlicht; er wird zum Roboter. Die Kirche verteidigt das Privateigentum mit der Begründung, daß der Mensch einen Bereich braucht, wo er nicht nur dirigiert wird, sondern wo er selbst entscheiden und sich frei entfalten kann. Also dürfen wir ihm auch nicht durch Planen seine Freiheit nehmen, seinen Freiheitsraum einschränken und ihn gewissermaßen nur einem Plan-Soll verpflichten. Der Mensch braucht einen Raum der Freiheit, sonst verliert er jedes Verantwortungsbewußtsein; der Mensch braucht einen Raum für Experimente; der Mensch braucht einen Raum, wo er die Möglichkeit hat, etwas zu wagen. Man kann die Zukunft nicht von vornherein total verplanen; denn dann ist sie keine Zukunft mehr. Sie ist nur dann eine Zukunft, wenn sie viele Möglichkeiten bietet.

Ja zu einer maßvollen Vorsorge

Der Herr ist gegen das *übermäßige* Planen; er will uns nicht verbieten zu planen. Das menschliche Leben regelt sich nicht von selbst wie der "Haushalt der Natur". Der Mensch soll die Vernunft, die ihm gegeben ist, gebrauchen; er soll also planen. Aber er darf nicht so übermäßig planen, daß die Freiheit und die Menschenwürde dadurch Schaden leiden.

Bitte um Gottvertrauen

Die Bitte um das tägliche Brot ist im Grunde Ausdruck unserer Abhängigkeit von Gott: Wenn Du es nicht gibst, dann haben wir nichts. Uns diese Abhängigkeit immer wieder in Erinnerung zu rufen, ist der Sinn des Tischgebetes. Wir bitten nicht um "mein", sondern um "unser" tägliches Brot. Jeder soll also um das Brot für alle bitten. Erhörung wird uns nur dann zuteil, wenn wir mit allen Brüdern und Schwestern zusammen vor unserem Vater erscheinen und ihre Not zu unserer Not machen, wenn wir sogar stellvertretend für die bitten, die selbst dazu nicht imstande oder bereit sind.

Der Mensch hungert nach Gott

Letztlich zielt die Brotbitte auf Gott hin. Durch alle anderen Gaben will uns das Leben die eine große Gabe bescheren, die der große Gott selbst ist. Ein Mensch, in dem Hunger und Durst des Leibes erloschen sind, ist bedenklich krank. Wer keinen Hunger und Durst nach Gott mehr spürt und wem alles, was Gott betrifft, widersteht oder nur Aggressionen weckt, der ist in seiner innersten Tiefe auf das schwerste erkrankt, mag er sich nach außen auch noch so sehr als Gesunder gebärden. Weil heute die Welt von solchen Menschen voll ist, gilt es, die Brotbitte mit aller Hingabe zu vollziehen, damit der Hunger und Durst nach Gott entweder wieder erwache oder zu jener Stärke heranwachse, die Gott als dem zuletzt allein sättigenden Brot gebührt.

Bitte um das eucharistische Brot

Manche Kirchenväter sehen in der Brotbitte die Bitte um das eucharistische Brot. In der Tat erfüllt die Eucharistie alles Dargelegte auf die großartigste Weise; denn in dieser Speise und in diesem Trank reicht der Herr uns wahrhaftig sich selbst.

Unser Zeitalter ist geneigt, nur den vordergründigen Sinn der Brotbitte gelten zu lassen und deren Erfüllung einzig durch menschliche Anstrengungen zu erzwingen. Dagegen lehrt uns die Brotbitte letztlich: "Nicht vom Brot allein lebt der Mensch, sondern von jedem Wort, das aus dem Munde Gottes kommt" (Mt 4, 4). Hier gewinnt auch das Wörtlein "unser" eine tiefere Bedeutung. Wir bitten darum, daß unseren Brüdern und Schwestern diese Zusammenhänge aufleuchten mögen, daß in ihnen über alle irdischen Bedürfnisse hinaus der Hunger und Durst nach Gott lebendig werden mögen und ein Strahl von Gottes Herrlichkeit in ihr Herz falle, daß sie auch lernen, wie man das Entscheidende nicht erzwingen kann, sondern erbitten muß. Wenn wir um das tägliche Brot bitten, bringen wir in diesem Zusammenhang zum Ausdruck, daß die tägliche Feier der Eucharistie angemessen ist.

Wer den tiefen Sinn der Brotbitte lebt, erfüllt Gottes Willen, trägt zum Kommen seines Reiches bei und heiligt seinen Namen.

6. Die fünfte Bitte: "Und vergib uns unsere Schuld, wie auch wir vergeben unsern Schuldigern."

Das Geheimnis der Sünde

Blaise Pascal hat gesagt: "Der Mensch überragt sich selbst um ein Unendliches." Aber man kann auch sagen: Der Mensch langt hinab in eine schaurige Tiefe des Bösen, die unauslotbar ist. Und deshalb reden wir vom Geheimnis der Sünde. Bei den Bitten des Vaterunsers, die gleichsam vom Menschen ausgehen und nicht von Gott, kommt nun die Sünde zur Sprache. Die zwei letzten Bitten lauten: "Und vergib uns unsere Schuld, wie auch wir vergeben unsern Schuldigern" und "Führe uns nicht in Versuchung". Von diesen beiden Bitten ist die eine mehr nach rückwärts gewandt, die andere nach vorwärts: Die Versuchung steht uns bevor, die Schuld bezieht sich auf Dinge, die wir schon getan haben.

Nicht alle Übel sind Sünde

"Soziales Unrecht" der Menschen untereinander wird heute groß geschrieben, "Befreiung" noch größer. Sünde aber deutet auf Gott, und Erlösung geschieht aus Gnade. Beides demütigt, und beides ist dem Menschen, der so viel selber kann, peinlich. Tatsächlich hat die moderne Wissenschaft gezeigt, daß viele Übel, die manche bisher nur als Sünde ansahen, die Schuld vermindern oder sogar ausschließen können: Mangelhaftes Erbgut oder Krankheiten zum Beispiel, oder das soziale Milieu, in dem jemand aufwuchs, sind oft die Ursache von Fehlverhalten oder sogar von Verbrechen.

Wirkliche Schuld zuzugeben, ist der erste Schritt zur Heilung

Trotzdem gibt es auch eigentliche Schuld. Der Mensch weiß genau, was er mit seinen Anlagen, mit seinen Kräften, mit seinen Neigungen kann und was er sollte; was eigentlich die Welt von ihm erwarten könnte. Er weiß es genau und er verfehlt es oft; er erreicht es nicht – aus Schuld –, und dann verbirgt er das. Er zieht eine Maske über sein Gesicht: Er gibt sich besser, als er ist. Er macht das oft sehr geschickt und damit betrügt er sich selbst. Die Maske abzunehmen wird dem Schuldigen nur gelingen, wenn es einen Menschen gibt, der ihn derart liebt, daß er weiß: Selbst wenn jener wüßte, daß ich ein Heuchler bin, daß ich im Grunde ein schuldiger Versager bin, selbst dann würde er mich nicht minder lieben als bisher. In diesem Fall ist einer eventuell bereit, die Maske fallen zu lassen und zu seinem Versagen, zu seiner Schuld zu stehen. Ist er damit von seiner Schuld befreit? Befreit ist er noch nicht, aber der erste Schritt zur Heilung ist getan.

Wir bitten Gott um Vergebung

Aber hier wollen wir ja reden von Gott und von der Sünde ihm gegenüber. Im Ungehorsam wenden wir uns immer wieder von Gott ab. Und wir sollen erstens – so sagt der Herr – zu der Sünde stehen und zweitens, über das Eingeständnis der Sünde hinaus, reumütig Gott um Vergebung bitten, zu ihm zurückkehren wie der verlorene Sohn. Die Gerechtigkeit würde unsere Bestrafung verlangen, aber im Vertrauen auf die Barmherzigkeit des Vaters dürfen wir um die Vergebung bitten. Widerspricht Gott sich nicht selber, wenn er zugunsten der Barmherzigkeit auf die Gerechtigkeit zu verzichten scheint?

Die Liebe Gottes ist gerecht und barmherzig

Gott hat den Menschen aus Liebe erschaffen, damit er von diesem Menschen wiedergeliebt werde. Die Gebote Gottes sind nicht aus dem Verstande Gottes geboren, sondern aus seinem Herzen; es sind Liebesgebote. Eigentlich wollte Gott einen Strom von Liebe in die Menschen hineinschicken, der die Welt überfluten sollte, und vom Menschen sollte die Antwort zurückkommen. Damit war ein Kreislauf gegeben: Alles geht von Gott aus und alles kehrt zu ihm zurück, so wie der Sohn ausgeht vom Vater und im Geiste sich wieder mit ihm vereint. In diesen gewaltigen Strom der Liebe sollte der Mensch einbezogen sein. Das ist die Größe, die Heiligkeit und die Güte Gottes.

Die Sünde hemmt den Strom der Liebe

Wie stellt sich in dieser Sicht die Sünde dar? Der Mensch, der aufgefordert war, diesen Strom göttlicher Liebe in sich aufzunehmen und weiterzugeben, hat ein Hindernis gelegt; er hat den Strom gebremst, jeder einzelne an seiner kleinen Stelle. Ich habe gesagt: Nein, hier geht er nicht durch, dieser Strom – das Größte, das einzig Sinnvolle für alle Menschen! Ich habe Gottes Plan vereitelt! – Das ist schrecklich; aber warum kann ich jetzt um Vergebung bitten?– Ich kann nur deshalb um Vergebung bitten, weil Gottes Wille ja nur darauf aus ist, daß der Kreislauf der Liebe sich vollende. Er will nicht Strafe, er will freie Bahn für die Liebe. Deshalb kann ich vor ihn treten und sagen: Herr, schau, es tut mir leid; ich liege quer, aber ich will nicht querliegen, denn ich liebe dich ja. Wenn ich meine Schuld aufrichtig bereue, kann ich ihn also gewissermaßen bei seinem eigenen Willen fassen. Er muß sich nicht verleugnen, wenn er mir vergibt, sondern im Gegenteil: Er verschafft sich damit selber wieder freie Bahn. Und deshalb kann ich vor ihn treten, und deshalb *muß* er gewissermaßen sagen: Ich will dir vergeben, denn mein Wille ist es, alle zu lieben.

Jesus Christus hat durch sein Leiden unsere Sünden in Liebe verwandelt

Der Beweis für diese Liebe Gottes ist Jesus Christus. "Nicht darin besteht die Liebe, daß wir Gott geliebt haben, sondern daß er uns geliebt und seinen Sohn als Sühne für unsere Sünden gesandt hat" (1 Joh 4, 10). "Wenn aber einer sündigt, haben wir einen Beistand beim Vater: Jesus Christus, den Gerechten. Er ist die Sühne für unsere Sünden, aber nicht nur für unsere Sünden, sondern auch für die der ganzen Welt" (1 Joh 2, 1 f). Auf diesem Hintergrund ist unser Bitten um Vergebung nicht umsonst, sondern davon getragen, daß sich uns Gott in seinem Sohn endgültig als der erlösende Gott zugesagt hat. Zugleich ist unser Bitten erforderlich, weil wir die Erlösung immer neu der frei schenkenden Gnade Gottes zu verdanken haben, nicht aber von uns aus darüber verfügen können.

Vergebung für alle

Wenn wir um Vergebung "unserer" Schuld bitten, stellen wir uns einerseits als Sünder in die Gemeinschaft der Sünder hinein. Andererseits nehmen wir, von ferne dem Beispiel Christi folgend, stellvertretend die Schuld der anderen, die sich selbst nicht um die Vergebung bemühen, auf uns. Wir erbitten die Vergebung für alle, die ihrer bedürfen. Die Gnade Christi soll auch jenen zugute kommen, die sich nicht darum kümmern und sich sogar dagegen auflehnen, indem sie sich selbst erlösen möchten.

Diese Bitte ist erstaunlich. Neben ihr nämlich steht als einziger eine Bedingung: "Wie auch wir vergeben unsern Schuldigern." So wie wir das sagen, ist es gleichsam eine Folgerung. Bei Matthäus aber heißt es im Evangelium: "Und erlaß uns unsere Schulden, wie auch wir sie unseren Schuldnern erlassen haben" (Mt 6, 12). Warum das?

Gottes Barmherzigkeit kann nicht in unser Herz eindringen, bevor wir nicht vergeben haben

Dieser mein Wille, mich in Gottes Liebesstrom hineinzustellen und ihm zu dienen – wie kann ich ihn nicht nur beteuern, sondern auch bezeugen, außer dadurch, daß ich bereits tue, was dieser Liebesstrom eigentlich will: nämlich einander vergeben? Das ist jenes hochzeitliche Gewand, von dem beim Gastmahl, das Gott gibt, die Rede ist (vgl. Mt 22, 1-14). Das Kleid, das wir beim Eintritt nehmen müssen, das uns ja beim Eintritt geschenkt wird, ist ausgerechnet dieses, daß wir Gott, dem Herrn, sagen: Ich weiß, daß du alle und alles liebst, und das gefällt mir; dafür bin ich begeistert und dafür will ich mich einsetzen mit meinem ganzen Leben; ich habe gefehlt und Unrecht erlitten, aber siehe, ich vergebe meinem Bruder, meiner Schwester "von ganzem Herzen" (Mt 18, 35).

Verzeihen ist eine Angelegenheit des ganzen Herzens

Das Christentum ist keine leichte Sache. Diese Forderung können wir aus eigener Kraft nicht erfüllen, aber mit der Hilfe Gottes, dem nichts unmöglich ist, werden wir dazu imstande sein. Wir müssen dem, der uns unsympathisch oder der böse ist, wohlwollen. Wir können ihn nicht sympathisch oder gut machen; darüber haben wir vielleicht keine Gewalt – aber wir können ihm trotzdem von Herzen wohlwollen, von *Herzen.* Im Christentum geht es um das Ganze. Und Gott verlangt das Ganze, auch dann, wenn er uns unsere Sünden vergeben soll. "Wenn wir uns weigern, den Brüdern und Schwestern zu vergeben, verschließt sich unser Herz, und seine Härte wird undurchdringbar für die barmherzige Liebe des Vaters. Im Bekennen unserer Sünde aber öffnet sich unser Herz seiner Gnade" (KKK 2840).

Von Schuld und Verletzung zu Mitleid und Fürbitte

Hier sehen wir wieder, wie unlösbar Gottes- und Menschenliebe miteinander verknüpft sind. Wenn einer die vergebende Liebe Gottes an sich erfährt, dann wird dadurch in ihm die vergebende Liebe seinen Mitmenschen gegenüber geweckt. Umgekehrt macht sich einer, der die vergebende Liebe seinen Mitmenschen zuwendet, bereit und würdig für die vergebende Liebe Gottes. In manchen Fällen verweigert einer aus Kleinlichkeit und Engherzigkeit, aus verletztem Stolz und verbohrtem Eigensinn seinen Brüdern und Schwestern die Vergebung, was weniger oder kaum zu entschuldigen ist. Es kommt aber auch vor, daß einer von anderen brennendes Unrecht oder schmerzende Lieblosigkeit erlebt, wodurch sich verbitterte Unversöhnlichkeit in ihn hineinfrißt; daß es einem solchen nicht leichtfällt zu vergeben, wird selbst Gott verstehen. "Es liegt nicht in unserer Macht, eine Schuld nicht mehr zu spüren und so zu vergessen; doch das Herz, das sich dem Heiligen Geist öffnet, läßt diese Verletzung zu Mitleid werden und reinigt das Gedächtnis, indem es die Schuld zu einer Fürbitte werden läßt" (KKK 2843).

Wie Jesus sollen wir auch den Feinden vergeben

Mögen nun die Konflikte liegen, wie sie wollen, und mag es noch so schwer sein, auf jeden Fall stellt die Schuldbitte uns vor die Aufgabe, die uns niemand abnehmen kann, uns zur Vergebung durchzuringen. Christus fordert uns auf, sogar die Feinde zu lieben. So ist die Vergebung ein Höhepunkt des christlichen Betens und Ringens. Wir sollen die Vergebung gewähren, da wir alle miteinander von der Vergebung leben, die Jesus uns am Kreuz erwirkt hat. Er gibt uns das Beispiel, wenn er betet: "Vater, vergib ihnen, denn sie wissen nicht, was sie tun" (Lk 23, 34).

Die Vergebung bezeugt, daß die Liebe stärker ist als die Sünde

In einer Welt, die voll von unmenschlicher Verhärtung ist und in der sogar unversöhnlicher Haß gezüchtet wird, braucht es ungezählte Quellpunkte der Vergebung, die von den Liebenden in die liebeleeren Räume hineinstrahlen. Angesichts unseres eigenen Unvermögens spüren wir die Notwendigkeit des Bittens darum, daß Gott uns selbst das Vergeben ins Herz lege und auch die Herzen jener erweiche, die noch weit vom Vergeben entfernt sind.

"Haben wir diesen Tag gelebt, Herr,
wie es dir gefällt?
Sind wir geduldig, schlicht und liebevoll
gewesen?
Haben wir jenen genug Zeit gegeben,
die zu uns kamen?

Haben wir ihre Hoffnung beantwortet, wenn sie fragten?
Haben wir sie umarmt, wenn sie weinten?
Haben wir sie aufgemuntert, bis ihr Lachen wieder da war?
Wenn das alles nicht so war, Herr – verzeihe uns!"
(Abendgebet der "Kleinen Brüder" des Charles de Foucauld)

7. Die sechste Bitte: "Und führe uns nicht in Versuchung."

Erprobung zur Bewährung

Die Schuld liegt hinter uns, die Versuchung steht uns bevor. So wendet diese Bitte den Blick in die Zukunft. Sie kann nicht bedeuten: Gib, daß ich in keine Versuchungen komme. Denn die Versuchung oder die Anfechtung gehört in den Vorgang des Reifens, den jeder zu durchlaufen hat, hinein. "Weil du bei Gott angenommen warst, war es notwendig, daß die Versuchung dich prüfe", heißt es im Buch Tobit (12, 13 – Text der Vulgata). In uns sind mächtige Möglichkeiten noch unerschlossen oder liegen noch brach. In der Auseinandersetzung mit den Anfechtungen müssen sie erst noch geweckt und entwickelt werden. Daher sind Anfechtungen zu begrüßen. Jakobus freut sich über die Versuchungen, weil sie Ausdauer bewirken (Jak 1, 2). Jesus sagt: "In allen meinen Prüfungen habt ihr bei mir ausgeharrt" (Lk 22, 28). Die Versuchung auszuschließen wäre nicht biblisch.

Eine Entscheidung des Herzens

Der Mensch wird von Gott vor die Entscheidung gestellt. Die Versuchung ist der Ernstfall. "Der Herr, euer Gott, prüft euch, um zu erkennen, ob ihr das Volk seid, das den Herrn, seinen Gott, mit ganzem Herzen und mit ganzer Seele liebt", sagt Mose dem Volk Israel (Dtn 13, 4). Wir sind alle in der Versuchung, Dinge und Menschen eigennützig für uns auszunützen, sie nicht in den Strom der Liebe zu stellen.

Wer führt in Versuchung?

Die Versuchung ist eine Situation, die uns vom Weg des Glaubens abbringen und auf den Weg der Sünde führen kann. Sie kann uns nämlich dazu verleiten, uns nicht auf Gott, sondern auf andere Mächte oder auf uns selbst zu verlassen. Wir müssen aber die Aussage, daß Gott uns in die Versuchung führt, recht verstehen. Nach dem Zeugnis des Alten Testamentes schickt Gott den Menschen in die Versuchung, um dessen Glauben und Treue zu prüfen. Im Neuen Testament sind es der Satan und seine Mächte, die den Menschen zum Bösen verleiten. Und der Apostel Jakobus warnt entschieden davor, menschliches Versagen mit der Ausrede zu entschuldigen, die Versuchung komme von Gott: Sie stammt vielmehr aus der eigenen menschlichen Begierde (Jak 1, 12-15).

Gott bewahrt den Glaubenden nicht vor der Anfechtung

Denken wir zunächst an die Anfechtungen, die zu unserem täglichen Brot gehören:

Da ist der Leib: Er wird hungrig oder er ist zu satt, er ist müde oder hat überschüssige Kraft; er will Wärme und

Nähe, er wird krank oder welkt dahin; er spürt die Reize durch die Sinne eindringen und reagiert darauf.

Da ist der Mitmensch: Er tut nicht immer das Gute – so rührt sich die Lust zum Richten; er hat seine Schwächen – das reizt zum Zorn oder zur Überheblichkeit; er hat seine Vorzüge – man kommt vielleicht nicht mit, möchte neidisch werden oder traurig.

Da ist vor allem das eigene Herz. Wann kommt es je zur Ruhe? Die Wünsche steigen auf und verschwinden, Begierden kommen und gehen, unberechenbar sind die Gezeiten von Laster und Leidenschaften; Kleinmut und Übermut, Angst und Selbstgefälligkeit wechseln miteinander ab; und häufig droht die so gefürchtete lähmende, resignierte Erschlaffung.

So oder so plagen wir uns ab, hat unser Leben nicht den Raum, den es braucht, und reibt sich wund.

Die Bitte um Gottes Beistand *in* den Versuchungen

Es gibt Fälle im Leben, wo alles sich gewissermaßen gegen den Menschen verschwört. Der Mensch kann in eine schreckliche Situation geraten, aus der er keinen Ausweg mehr sieht außer den der Sünde. Mehr Menschen als wir glauben erleben solche schrecklichen Situationen. Zweifellos darf man Gott darum bitten, daß er einen nicht in eine solche Situation hineinführe. Wir bitten im Vaterunser um den Heiligen Geist als jenen treuen Beistand Gottes, der bewirkt, daß die Versuchung nicht über unsere Kräfte geht. Niemand bilde sich ein, er sei aus seiner eigenen Kraft imstande, alle Versuchungen fruchtbar durchzustehen; vielmehr halte sich jeder stets vor Augen, daß er dazu Gottes Beistand braucht, den er durch sein Bitten herbeirufen muß. Ähnlich wie unser Herr am Ölberg darf er sich voll Vertrauen mit seinen Bitten an den Vater wenden; denn “Gott ist treu; er wird nicht zulassen, daß ihr über eure Kraft hinaus versucht werdet. Er wird euch in der Versuchung einen Ausweg schaffen, so daß ihr sie bestehen könnt” (1 Kor 12, 13). Die Bitte “Führe uns nicht in Versuchung” ist zugleich Ausdruck der menschlichen Hinfälligkeit und Ausdruck der Hoffnung, daß Gott hilft. Sie meint: Laß uns nicht in der Versuchung fallen; laß uns nicht sündigen.

Führe uns *in* der Versuchung

Wenn trotzdem Menschen behaupten, die Treue Gottes habe sich in ihrem Leben nicht gezeigt und sie seien wirklich über ihre Kräfte versucht worden, so kann man nicht in das einzelne Herz hineinschauen; man muß Gott das Urteil überlassen. Angesichts solcher Schicksale gilt es, das “uns” in der Bitte ganz ernst zu nehmen und den derart Trostlosen und Verzweifelten die Hilfe zu erflehen, die sie brauchen, um mit ihrer besonders ausweglosen Erprobung fertig und nicht an Gott irre zu werden. Sicher dürfen wir zu der Bitte, die im Vaterunser steht, die andere hinzufügen: “*Führe uns in* der Versuchung”, damit wir durch sie zu dem Ziel hinfinden, das du für uns bestimmt hast.

Bewahre uns vor dem Abfall vom Glauben

Fassen wir zusammen: Jesus selbst mahnt uns: "Wachet und betet, damit ihr nicht in eine Versuchung kommt" (Mk 14, 38). Im Alten Testament hat "versuchen" häufig den Sinn von "erproben". Jesus aber sieht die Versuchung und unsere Anfälligkeit dafür tiefer und gefährlicher. Fast scheint "Versuchung" hier schon gleichbedeutend mit "Abfall" zu sein. Unsere Bitte ist ein dringlicher Hilferuf, daß wir das Kostbarste, was wir haben, den Glauben, nicht verlieren. Daß wir so wenig spüren vom Heil, daß das Reich Gottes so unscheinbar beginnt, das könnte uns schon irre werden lassen. Darum ist es *die* große Versuchung, daß wir die Hoffnung auf das Kommen des Reiches Gottes und den Glauben an seine Nähe verlieren und so von Jesus abfallen. Jesus sagt: "Selig, wer an mir nicht Anstoß nimmt" (Lk 7, 23). Darum bitten wir eindringlich um Gottes Hilfe: "Führe uns nicht in Versuchung."

8. Die siebte Bitte: "Sondern erlöse uns von dem Bösen."

Auch die letzte Bitte an unseren Vater wird vom Gebet Jesu getragen: "Ich bitte nicht, daß du sie aus der Welt nimmst, sondern daß du sie vor dem Bösen bewahrst" (Joh 17, 15) (KKK 2850).

Die Erlösung vom Übel

In der früheren Übersetzung hieß es: "Erlöse uns von dem Übel." Obwohl die neue Übersetzung dem griechischen Urtext genauer entspricht, braucht der Gedanke an das Übel nicht ganz zu verschwinden. Denn nach dem

Zeugnis der Bibel ist das Böse der Ursprung aller Übel. Im paradiesischen Zustand, bevor das Böse durch das Versagen des Menschen in die Welt eingebrochen war, gab es keine Übel. Wer sich keine Illusionen macht, sieht, daß ein gewisses Ausmaß von Übeln nach dem verlorenen Paradies ins Leben des Menschen hineingehört. Wir brauchen nämlich die Anfechtung durch das Leid, um für das größere Ziel reif zu werden, für das wir bestimmt sind. Daher hat die Bitte um Erlösung vom Übel nicht den Sinn, Gott möge jedes Übel von uns abwenden. Allein sinnvoll ist es vielmehr, Gott darum zu bitten, er möge uns allzu belastende Übel ersparen und uns helfen, die unvermeidlichen Übel mit Gewinn durchzustehen. "In dieser letzten Bitte trägt die Kirche das gesamte Elend der Welt vor den Vater. Mit der Erlösung von den Übeln, welche die Menschheit bedrücken, erfleht sie das kostbare Gut des Friedens und die Gnade des beharrlichen Wartens auf die Wiederkunft Christi" (KKK 2854).

Die Erlösung von dem Bösen

Die Bitte um Erlösung vom Übel schließt wesentlich jene um Erlösung vom Bösen ein. Das Böse ist ja die Wurzel des Übels. Erst durch die Trennung von Gott brachen die Übel über den Menschen und die Schöpfung herein. Deshalb kommt es vor allem auf das Überwinden des Bösen an. Dieses können wir noch weniger als das Übel aus unserer eigenen Kraft bannen. Darum bitten wir den Vater, er selbst möge uns durch seinen Sohn, der sich für uns dahingegeben hat, vom Bösen erlösen. Das hier gemeinte Böse ist nicht mit der Schuld gleichbedeutend. Vielmehr geht es um jenes Böse, das der Schuld vorausliegt und den Menschen immer neu in diese zu verstricken droht, und auch um das andere Böse, das aus der Schuld folgt und den Menschen leicht der Gefahr der Verwerfung aussetzt. Wir haben es mit dem "Geheimnis der Bosheit" zu tun.

Das Böse hat viele Gesichter

Zunächst hat der Mensch mit seinem Herzen zu kämpfen, indem er von seiner eigenen Lust gereizt und verlockt wird (vgl. Jak 1, 14). Das Böse dringt auch aus seiner Umwelt auf den Menschen ein; "von den gottlosen und bösen Menschen" (2 Thess 3, 2) wird es an ihn herangebracht. Wir haben zudem – wie Paulus schreibt – nicht mit Fleisch und Blut zu kämpfen, sondern mit Mächten und Gewalten, die in der Luft sind (vgl. Eph 6, 12). Damit meint er etwas, was die "Atmosphäre" des Menschen ausmacht. Es geht hier um den Einfluß des "Man", um das, was man sagt, was man tut, was man will. Und dem fügt sich jeder. Das "Man" ist eine furchtbare Macht. Es kann einzelne Gruppen von Menschen überfallen und ihr Urteil bestimmen. Es kann die ganze Öffentlichkeit erfüllen. Als "Zeitgeist" kann das, was "man" denkt, sagt oder tut, eine ganze Zeitepoche beherrschen. Das "Man" kann soweit gehen, daß es uns ein falsches Bild von Gott als das richtige vorgaukelt. Wir wollen mit dieser Bitte dem Herrn sagen: Laß es nicht geschehen; denn auch ich komme von bestimmten Vorstellungen, von bestimmten Kreisen von Menschen her; auch ich lebe in einem bestimmten Milieu, das mir mit der Macht des "Man" Vorurteile aufnötigt, aus denen heraus ich vielleicht glaube: Das ist also das, was Gott will, das ist Gott! – und du bist es vielleicht nicht! Erlöse mich von dem Bösen, laß das nicht zu!

Erlöse mich vom Urheber des Bösen

Schließlich begegnet dem Menschen das Böse in der Gestalt seines Urhebers, des Satans, und seiner mächtigen Gehilfen. So gipfelt die letzte Vaterunser-Bitte darin, daß uns Gott vor dem Verfallen an die genannten Mächte des Bösen und damit von der daraus hervorwuchernden Schuld erlösen möge. Vor allem lasse er uns nicht jenem Bösen unterliegen, aus dem es keinen Ausweg mehr gibt und das in die jenseitige Endgültigkeit einmündet, die "der zweite Tod" oder auch "das Feuermeer" heißt (Offb 20, 14). Mit "dem Bösen" ist also in dieser Bitte einmal das sittlich Böse gemeint. Sodann ist es richtig und notwendig, hinter diesem Bösen auch "den" Bösen, den Satan, mit im Auge zu haben. "In dieser Bitte ist das Böse nicht etwas rein Gedankliches, sondern bezeichnet eine Person, Satan, den Bösen, den Engel, der sich Gott widersetzt" (KKK 2851). Wir möchten nicht nur nicht in die Versuchung "hineingeführt" werden, sondern auch aus der bedrohlichen Nähe des Bösen zurückgerissen werden. Nicht einmal in seiner "Nähe" möchten wir leben, so schwach und gefährdet fühlen wir uns.

Die Notgemeinschaft der Glaubenden

Schließlich muß auch hier wieder gesehen werden, wie sehr sich die Jünger Jesu in einer Notgemeinschaft befinden: Niemand wird für sich allein so beten, immer muß er die gefährdeten Brüder und Schwestern mit im Auge haben: "errette *uns*". Alle Bitten des Vaterunsers sind immer zugleich Fürbitten. Unser Herz weiß einerseits um die Größe der Gefährdung und andererseits um die bewahrende Macht des Vaters im Himmel. Je tiefer wir in den Geist Jesu eingedrungen sind, desto weniger werden wir bei dieser Bitte in eine falsche Furcht oder ein falsches

Vertrauen hineingeraten. Einerseits hat Jesus in seinem Tod den Teufel schon endgültig besiegt. Andererseits kann uns der Satan ins ewige Verderben bringen, wenn wir ihm durch die Sünde den entscheidenden Einfluß über unser Leben geben. Darum beten wir immer wieder voll Vertrauen auf Christi Sieg über den Teufel: "Erlöse uns von dem Bösen".

10. Der Abschluß: "Denn dein ist das Reich und die Kraft und die Herrlichkeit in Ewigkeit. Amen"

Ein späterer Zusatz

Dieser Lobpreis gehört nicht zur Urfassung des Vaterunsers. Er läßt sich jedoch bis ins fünfte Jahrhundert zurückverfolgen. Die Worte erinnern an die himmlischen Gottesdienste, wie sie in der Offenbarung des Johannes aufscheinen (vgl. Offb 1, 6; 4, 11; 5, 13). In Anbetung und Danksagung blicken wir auf die ersten Bitten des Vaterunsers zurück. Dem heiligen Namen des Vaters gebührt die Herrlichkeit. Das kommende Reich hat ewig Bestand, weil es sein ist. Sein Wille, uns das Heil zu schenken, hat Kraft.

Das Vaterunser – eine Lebensschule

Wenn wir das Gebet des Herrn von seinem Ende her überblicken, entwirft es die Lebensschule des christlichen Menschen. Wir sind erlöst vom Bösen und gestärkt in der Anfechtung, die uns versucht. Wir dürfen immer wieder die Vergebung unserer Schuld empfangen, soweit wir unsererseits vergeben. So werden wir bereit, Gottes Heiligkeit jeden Tag mehr in uns aufzunehmen und dem

Willen Gottes immer getreuer zu entsprechen. Dadurch kommt sein Reich fortschreitend und wird Gott auf die ihm gebührende Weise anerkannt. Damit wird ein Weg eröffnet, der vom Dunkel ins Licht führt. Wir haben es nicht nötig, die Abgründe des Dunkels zu verdrängen, weil uns der ewige Vater an der Hand nimmt und durch Christi erlösende Gnade zu den Höhen des Lichtes emporgeleitet. Auf diese Weise vollzogen, entfacht das Vaterunser in uns Vertrauen und Zuversicht, Freude und Glück. Es erweckt in uns als Grundstimmung die frohe Danksagung, die Eucharistia, wie das entsprechende griechische Wort lautet.

Amen!

Was der Mensch empfängt, gehört letztlich Gott. Das Reich, das er unter uns aufrichtet, ist sein Reich; die Kraft, die er dabei einsetzt, ist seine Kraft; und die Herrlichkeit, die so aufleuchtet, ist zuinnerst nicht die des Menschen, sondern die Herrlichkeit Gottes selbst. Der Mensch erkennt den unbedingten Vorrang Gottes an und will, daß er ganz zur Geltung komme. Je mehr Gott wahrhaft als Gott anerkannt ist, desto mehr kann der Mensch wahrhaft Mensch sein. Dazu sagen wir: Amen, ja, so sei es! Wir vertrauen darauf, daß es so ist.

Wie sollen wir beten?

Das Vaterunser entspricht der Grundstruktur christlichen (und auch jüdischen) Betens, das zwei Momente enthält:

– Lob und Dank: Gott, du hast das und das getan... Darum loben wir dich und danken dir. Indem wir das tun, entfalten wir den Namen Gottes und heiligen ihn so.

– Bitte: Gott, weil wir deine großen Taten erfahren haben, darum bitten wir dich um das und das...

Das Vaterunser ist ein Modell. Die drei ersten Bitten enthalten das Wörtlein "dein", die vier letzten Bitten das Wörtlein "unser", bzw. "uns". Wir können die erste Hälfte verstehen als Ausdruck unserer Gottesliebe und die zweite Hälfte als Ausdruck unserer Nächstenliebe.

Selbstvergessenheit und Platz für alle Anliegen

Selbstvergessenheit und Ausrichtung dieser Selbstvergessenheit auf Gott hin ist kennzeichnend für jedes Gebet. Nicht das Gebet, das Gott zu mir hinzieht, sondern das mich zu Gott hinzieht, ist das richtige. Im Vaterunser haben alle Anliegen Platz: Vater gib all das, was ich brauche, nimm weg all das, was mich belastet. Im "wir" bin ich und sind die anderen enthalten. Das "uns" und das "wir" sind in gewissem Sinne kirchestiftend, weil wir uns betend für die Gemeinschaft der Glaubenden einsetzen.

Wir wagen zu sprechen...

Das Vaterunser ist ein kostbares Geschenk. Wir sollten es nur mit Ehrfurcht sprechen. Die Kirche lädt uns deshalb zum Beispiel mit folgenden Worten dazu ein: "Dem Wort unseres Herrn und Erlösers gehorsam, und getreu seiner göttlichen Weisung, wagen wir zu sprechen", oder: "Wir haben den Geist empfangen, der uns zu Kindern Gottes macht. Darum wagen wir zu sprechen..."

Das Geheimnis unseres Glaubens

Gott der Vater hat seinen Sohn Mensch werden lassen, um uns im Heiligen Geist von Sünde und Tod zu erlösen und uns Anteil an seinem göttlichen Leben zu schenken. Mit unserem Gebet beantworten wir diese Liebe Gottes.

So beten wir Christen im Heiligen Geist durch Christus zum Vater. Jesus selbst hat uns gelehrt, im Heiligen Geist Gott Vater zu nennen. Wir müssen immer wieder in die Lebensschule Jesu gehen, um beten zu lernen. Andererseits möchte seine Gebetsschule uns immer mehr zur Lebensschule werden.

Das Glaubensbekenntnis ist Ausdruck unseres Glaubens.

Das Leben nach den Zehn Geboten ist Ausdruck unserer Liebe.

Das Beten, wie es modellhaft im Vaterunser geschieht, ist Ausdruck unserer Hoffnung, aber auch des Glaubens und der Liebe.

G. DAS "GEGRÜßT SEIST DU MARIA"

Die meisten Christen haben eine besondere Liebe zu jener Frau, die als Mutter Jesus das Leben geschenkt hat. Was sie während ihres Besuches bei Elisabeth sagt, hat sich auf vielfältige Weise erfüllt: "Denn auf die Niedrigkeit seiner Magd hat er geschaut. Siehe, von nun an preisen mich selig alle Geschlechter" (Lk 1, 48). Das bekannteste Mariengebet ist das "Gegrüßt seist du Maria" (Ave Maria):

"Gegrüßt seist du Maria,
voll der Gnade,
der Herr ist mit dir.
Du bist gebenedeit unter den Frauen,
und gebenedeit ist die Frucht deines Leibes,
JESUS.
Heilige Maria, Mutter Gottes,
bitte für uns Sünder
jetzt und in der Stunde unseres Todes.
Amen."

Das Gebet beginnt mit den Grußworten des Engels Gabriel, der von Gott nach Nazaret geschickt wird zu einer Jungfrau mit dem Namen Maria: "Sei gegrüßt, du Begnadete, der Herr ist mit dir" (Lk 1, 28).

Es fährt fort mit den Worten, die Elisabeth beim Besuch Marias ausruft: "Gesegnet bist du mehr als alle anderen Frauen, und gesegnet ist die Frucht deines Leibes" (Lk 1, 42). So ist Elisabeth die erste Marienverehrerin. Gott ist damit einverstanden; denn Elisabeth sagt diese Worte “erfüllt vom Heiligen Geist”. Maria ist mehr als alle Menschen zu preisen, weil sie glaubend ihr Jawort gegeben hat zur Mitwirkung bei der Menschwerdung Gottes.

Das Gegrüßt seist du Maria: ein Jesus-Gebet

Hier – in der Mitte des Gebetes – fügt die Kirche den Namen des Kindes ein, das Maria unter dem Herzen trägt: Jesus, das heißt: Gott rettet. Denn der Engel selbst hat ihr mitgeteilt: “Du wirst ein Kind empfangen, einen Sohn wirst du gebären: dem sollst du den Namen Jesus geben” (Lk 1, 31). Das “Gegrüßt seist du Maria” ist somit wesentlich ein Jesus-Gebet.

Die Anrede “heilige Maria, Mutter Gottes” faßt die biblischen Aussagen zusammen und leitet über zu einer abschließenden Bitte. Diese Bitte setzt das Bekenntnis voraus, daß wir Menschen uns durch die Sünde immer wieder und während unseres ganzen Lebens von Gott und dadurch auch untereinander trennen können. Es gibt zwei Zeitpunkte in unserem Leben, die besonders wichtig sind: jetzt, der Augenblick, in dem wir uns für oder gegen Gott entscheiden können; und die Todesstunde, in der Gott über unser Leben entscheiden wird.

Maria: die große Fürbitterin

Wir Menschen können füreinander beten. Weil Jesus von den Toten auferstanden ist und den Glaubenden Anteil an seiner Auferstehung gibt, setzt der Tod dem Fürbittgebet keine Grenzen. Auch die Verstorbenen, die bei Gott sind, können im Gebet vor Gott für uns eintreten. Mit der Bitte des “Gegrüßt seist du Maria” wenden wir uns an die Mutter von Jesus, damit sie uns hilft, während unseres Lebens und besonders in der entscheidenden Stunde unseres Todes Gott nicht zu verlieren.

Vier wichtige Glaubensaussagen über Maria

Dankbar freut sich die Kirche über jene Frau, die mit ihrem Ja-Wort eingewilligt hat, unserem Erlöser das Leben zu schenken. Maria hat während ihres Lebens tief darüber nachgedacht, was der Gruß des Engels zu bedeuten habe. Auch die Kirche hat das getan und im Laufe der Zeit vier Aussagen über Maria festgehalten, die wesentlich zu unserem Glauben gehören:

1. Maria ist die Mutter Gottes.
2. Maria hat Jesus als Jungfrau geboren.
3. Maria ist selbst ohne Erbsünde empfangen worden.
4. Maria ist jetzt schon mit Leib und Seele im Himmel.

Die ersten beiden Aussagen sind im Neuen Testament direkt ausgesprochen. Auch die beiden anderen sind biblisch begründet; aber wir können sie nur im tieferen Nachdenken entdecken. Jede der vier Aussagen feiern wir mit einem eigenen Fest:

1. Hochfest der Gottesmutter Maria am 1. Januar,
2. Hochfest der Verkündigung am 25. März,
3. Mariä unbefleckte Empfängnis am 8. Dezember und
4. Mariä Himmelfahrt am 15. August.

Die vier Aussagen können wir auch im "Gegrüßt seist du Maria" finden:

1. "Heilige Maria, Mutter Gottes"

Weil Jesus Gottes Sohn ist, gibt die Kirche seiner Mutter den Titel "Gottesmutter". Matthäus und Lukas berichten, daß Maria Jesus geboren hat. Aber dieser Jesus ist kein gewöhnliches Kind. Er ist ganz Gott und ganz Mensch in einer Person. Maria ist nicht nur die Mutter seines menschlichen Leibes, sondern seiner selbst als Person. Darum heißt sie zu Recht "Gottesmutter". Dabei bleibt sie jedoch ganz auf der Seite von uns Menschen. Sie ist in keinster Weise eine Art "Göttin", sondern ein Geschöpf Gottes wie wir alle; ein Geschöpf allerdings, das Gott für die ganz besondere und einmalige Aufgabe erwählt hat, die Mutter seines menschwerdenden Sohnes zu sein.

Weil wir durch Christus selber Kinder Gottes geworden sind bei unserer Taufe, ist Maria auch unsere Mutter, die Mutter der Kirche. Jesus selbst hat sie, als er am Kreuz hing, seinem Lieblingsjünger zur Mutter gegeben und damit allen, die an ihn glauben (Joh 19, 26-27). Wie eine Mutter zur Familie gehört Maria zur Kirche.

2. "Der Herr ist mit dir"

Die Jungfrau Maria

Weil Maria die Mutter seines Sohnes werden sollte, war Gott in ganz besonderer Weise mit ihr. Nach dem übereinstimmenden Zeugnis von Matthäus und Lukas geschah die Empfängnis von Jesus im Schoß Marias ohne das Mitwirken eines menschlichen Vaters. Diese Berichte sind glaubwürdig. Wenn die beiden Evangelisten von einer Jungfrauengeburt berichten, wollen sie ein falsches

Bild von Jesus korrigieren. Wir können die Person des Auferstandenen und Erhöhten nur dann begreifen, wenn wir um seine wunderbare Geburt wissen. Dann wissen wir, daß hier nicht irgendein frommer und gesetzestreuer Mann verherrlicht, sondern der Sohn Gottes offenbar wird.

Der Sinn des Wunders

Ist der Glaube an die Jungfrauengeburt dem modernen Menschen überhaupt zumutbar? Er ist heute keine größere Zumutung als früher. Wir werden letztlich nach unserem Gottesbild gefragt. Glauben wir an einen Gott, der ungewöhnliche Wege beschreiten kann, um uns Menschen Ungewöhnliches zu zeigen? Denn mit dem Geheimnis der Jungfrauengeburt will Gott uns letztlich zeigen, daß das Heil der Welt nicht die Tat des Menschen, sondern reine Tat Gottes ist.

Die christliche Jungfräulichkeit

Die Jungfrau Maria wird gleichzeitig zum Zeichen des Glaubens. Sie glaubt; denn sie traut Gott Ungewöhnliches zu. Mit ihr glaubt auch die Kirche. Für diese wird die Jungfräulichkeit zum kostbarsten Ausdruck eines reinen Glaubens und einer ganzheitlichen Hingabe an Gott. Wir sind davon überzeugt, daß Maria immer Jungfrau geblieben ist. Mit dem Ausdruck "Brüder Jesu" sind im Neuen Testament seine Verwandten gemeint, wie man z. B. auch in China alle Vettern und Cousinen als "Brüder" und "Schwestern" bezeichnet.

3. "Du bist voll der Gnade"

Die Unbefleckte Empfängnis

Wir glauben, daß Maria so von der Gnade erfüllt ist, daß sich die Erlösung durch Jesus bereits im ersten Augenblick ihres Lebens, bei ihrer Empfängnis, ausgewirkt hat. Es geht also nicht um die Empfängnis Jesu, sondern um die Empfängnis von Maria im Schoß ihrer Mutter, die nach der Überlieferung Anna heißt. Maria ist zwar als Kind ihrer Eltern auf dem natürlichen Weg gezeugt und geboren worden. Aber sie ist aus Gnade von der Erbsünde frei geblieben.

Die Erbsünde

Was heißt das? Die Geschichte vom Sündenfall (Gen 3) erinnert uns daran, daß der Mensch, dieses größte und liebste Geschöpf Gottes, das Antlitz seines Schöpfers nicht mehr ertragen kann, sobald er sich seiner Schuld bewußt wird. Der Mensch hat sich zum Ungehorsam verführen lassen. Es gibt eine Macht des Bösen, die den Menschen überwältigt. Der Mensch steht unter dem Verhängnis der Sünde, so wie er unter dem Verhängnis des Todes steht. Das ist das, was die Kirche meint, wenn sie von der Erbsünde spricht: Der Mensch hat die Neigung des Ungehorsams und Egoismus' gleichsam in seiner Erbmasse. Vom ersten Augenblick seines Lebens an steht er unter der Macht, unter dem Gesetz der Sünde. Wir können diese Eigenmacht und Eigengesetzlichkeit des Bösen in etwa erahnen, wenn wir immer wieder erleben, daß junge Menschen trotz guten Willens später die gleichen Fehler machen wie ihre Eltern; daß Fehler in der Erziehung und in der Ehe sich so von Generation zu Generation fortpflanzen. Wir können es auch an uns selber erfahren, daß Fehlhaltungen ein solches Gewicht bekommen, daß wir sie ohne die Hilfe Gottes nicht loswerden können. Der Mensch ist nicht grundschlecht. Er ist vom guten Gott gut erschaffen worden. Aber er steht von allem Anfang an unter der Macht des Bösen.

Maria – die neue Eva

Doch Gott will den Menschen von der Macht des Bösen, aus der Not der Sünde befreien. Welche Rolle spielt dabei Maria? Gott wollte, daß seiner Menschwerdung das Ja-Wort der erwählten Mutter vorausgehe. Wie eine Frau, nämlich Eva, zur Herrschaft des Bösen beigetragen hat, so sollte auch eine Frau, nämlich Maria, zum Sieg über die Macht des Bösen beitragen. Wegen ihrer Aufgabe steht sie vom ersten Augenblick ihres Lebens an im Glanz einer einzigartigen Heiligkeit. Sie kann dem Wort Gottes und ihrer Sendung mit ganzem Herzen zustimmen, von keiner Sünde behindert.

Geschenkte Erlösung

Gott hat also jene Frau, die er zur Mutter seines Sohnes erwählt hat, aus dem Strom der Schuld und Sünde herausgenommen vom ersten Augenblick ihres Lebens an. Er hat es getan im Hinblick auf den Erlösertod Jesus Christi, um seinem Sohn eine würdige Wohnung zu bereiten. Auch Maria verdankt alles, was sie ist und was sie hat, dem erlösenden Kreuzesopfer ihres Sohnes. An Maria sollte sichtbar werden, was mit der Erlösung letztlich gemeint ist: ein ganzes Leben in vollendeter Übereinstimmung mit Gott. An einer Stelle ist der Traum von der heilen Welt Wirklichkeit geworden. An einer Stelle haben die Menschen die der Liebe Gottes entsprechende Antwort gegeben. In Maria ist die Kirche vollendet. Aber wir alle sind zu dem berufen, was Maria ist: zum erlösten Dasein, zu diesem herrlichen Geschenk Gottes, das den ganzen Menschen ergreift.

4. "Heilige Maria... bitte für uns Sünder"

Der Gott der Lebenden

Unsere große Fürbitterin kann Maria sein, weil sie in den Himmel aufgenommen ist. Als "heilig" verehrt werden kann nur, wer lebt und bei Gott angekommen ist. Die Verehrung Marias fügt sich in den Glauben Israels ein, der den Namen der Väter Abraham, Isaak und Jakob mit dem Gottesnamen preisend verbindet. Jesus selbst sagt, daß Gott nicht ein Gott der Toten, sondern der Lebenden ist (Mk 12, 18.26 f).

Mit Leib und Seele in den Himmel aufgenommen

Der Mensch ist eine Einheit von Leib und Seele. Der Leib ist nicht nur Körper, sondern er hat mit dem Himmel, d. h. mit Gott, zu tun. "Gebenedeit ist die Frucht deines Leibes": Wenn Gottes Sohn im Leib von Maria einen Leib annimmt, dann zeigt sich erneut die Würde des menschlichen Leibes. Jesus Christus hat nicht nur die Seele erlöst, sondern den ganzen Menschen mit Leib und Seele. Er ist leibhaftig von den Toten auferstanden. Darum glauben wir auch an die leibliche Auferstehung der Toten. Weil die Gottesmutter mit Leib und Seele ihr ganzes Ja-Wort gegeben hat, hat auch Gott sein ganzes Ja zu ihr gesagt. Er hat ihre Erlösung vollendet und sie am Ende ihres Lebens mit Leib und Seele in den Himmel aufgenommen.

Das große Zeichen der Hoffnung für uns

In Maria sehen wir die Vollendung der Kirche und der einzelnen Christen. Sie ist für die Glaubenden ein untrügliches Zeichen der Hoffnung und eine Quelle des Trostes. Denn ihr Leib, der den Urheber des Lebens geboren hat, sollte die Verwesung nicht schauen (vgl. Präfation des Festes Mariä Himmelfahrt). Wenn ihr Leib jetzt schon an der himmlischen Verklärung teilhat, dann ist das eine Verheißung für uns. Deshalb ehren wir Maria als unsere Königin und vertrauen auf ihre Fürsprache. Auch unser Leib ist dazu berufen, in den Himmel aufgenommen zu werden. Darum müssen wir gut mit ihm umgehen. Auch wir werden einmal mit Leib und Seele auferweckt und verherrlicht werden, wenn wir in der Gemeinschaft mit Christus bleiben.

H. DAS KIRCHENJAHR UND DER SINN DER LITURGIE

Der Gottesdienst und das alltägliche Leben bilden eine Einheit. Die christlichen Feste bringen vor Gott zum Ausdruck, was der Christ Tag für Tag zu verwirklichen sucht: Die Durchdringung seines ganzen Lebens mit der Wirklichkeit des auferstandenen Herrn. In jedem christlichen Fest geschieht Vergegenwärtigung des Heils, Begegnung mit Jesus Christus.

Der Sonntag

Der Ur-Feiertag ist der Sonntag. An ihm verkündet die Kirche den Tod und die Auferstehung ihres Herrn, bis er wiederkommt. Sie sagt Gott Dank, der sie "wiedergeboren hat zu lebendiger Hoffnung durch die Auferstehung Jesu Christi von den Toten" (1 Petr 1, 3). Der Herrentag soll ein Tag der Freude und der Muße sein. An ihm müssen die Glaubenden zusammenkommen, um das Wort Gottes zu hören und an der Eucharistiefeier teilzunehmen, soweit dies möglich ist.

Die Entfaltung des Geheimnisses Christi

An Ostern feiert die Kirche die Auferstehung zugleich mit dem Leiden des Herrn (Karwoche); das ist ihr höchstes Fest. Im Kreislauf des Jahres entfaltet sie das ganze Geheimnis Christi von der Menschwerdung und Geburt (Weihnachten) bis zur Himmelfahrt, zum Pfingsttag und zur Erwartung der seligen Erfüllung unserer Hoffnung: der Ankunft des Herrn (vgl. Tit 2, 13).

Die liturgischen Farben

Man könnte das Kirchenjahr mit zwei Bergen vergleichen: dem kleineren Weihnachts- und dem größeren Osterberg. Die Osterzeit ist wichtiger, weil Jesus auferstanden ist; darum dauert diese Festzeit auch länger. Die Vorbereitungszeit auf Weihnachten (= Advent) und die auf Ostern (= Fastenzeit) ist wie ein mühsames Besteigen der Berge; darum trägt der Priester dann die violette Farbe als Zeichen der Erwartung, des Verzichtes, der Buße und Umkehr. Die Festzeit, in der die weiße Farbe der Freude getragen wird, ist von den "Berggipfeln", d. h. den Festen "Weihnachten" und "Erscheinung des Herrn" sowie "Ostern" und "Pfingsten" eingegrenzt. An Pfingsten trägt der Priester wegen der Feuerzungen des Heiligen Geistes ausnahmsweise Rot. Die Zeit nach den Hauptfesten, wenn es "den Berg hinuntergeht", nennen wir die "Zeit im Jahreskreis", die Sonntage im Jahreskreis. Hier trägt der Priester das grüne Meßgewand; das bedeutet: Wir hoffen, daß Christus wiederkommen und unsere Zeit in Ewigkeit verwandeln wird.

Die Dimensionen der Liturgie

So erfüllt die Kirche den Auftrag des immerwährenden Gedächtnisses in allen Räumen und Zeiten. In der gottesdienstlichen Feier geht es um viel mehr als um eine Art frommes Andenken (Souvenir). Ein geschichtliches Heilsereignis wird erneut gegenwärtig gesetzt, damit es den Feiernden unmittelbar zugute kommt. So können die Glaubenden Jesus Christus wirklich begegnen und werden mit der Gnade des Heils erfüllt. Der in der Liturgie hier und heute gegenwärtige Herr lenkt unseren Blick auf alle zeitlichen Dimensionen: auf die Vergangenheit, die Gegenwart und die Zukunft.

Erinnerte Vergangenheit

Ohne Unterlaß verkündet die Kirche im Laufe des Jahres den umfassenden Heilsplan Gottes. Sie berichtet (in den vielen alttestamentlichen Lesungen) vom Vorspiel der Erlösung, den göttlichen Machterweisen am Volk des Alten Bundes (Erschaffung der Welt, Bund mit Noah, Abraham und Mose, Auszug aus Ägypten, Wüstenwanderung und Landnahme). Wir erfahren in der Vielzahl der Feste die Geschichte unserer Väter, die zu unserer eigenen Geschichte wird; denn Christus hat alle alttestamentlichen Prophezeiungen und Verheißungen erfüllt. Die Worte und Taten Jesu lernen wir vor allem in den Evangelien kennen. In den weiteren Schriften des Neuen Testamentes gibt das Kirchenjahr Aufschluß über die erste Zeit der Kirche und die lebendige Überlieferung des Glaubens.

Lebendige Gegenwart

Die ganze Heilsgeschichte ist aufgehoben und aufbewahrt in Jesus Christus. Besonders in seinem österlichen Hinübergang wirkt sie weiter ins Heute. Die Kirche befindet sich ständig im Auszug, sie durchlebt selber das Pascha, sie wandert dem Land der Ewigkeit entgegen. Christus ist nicht einfach eine Gestalt der Vergangenheit, eine von vielen, die jetzt im Grabe ruhen; er ist vielmehr auferstanden von den Toten und sitzt zur Rechten des Vaters in der Herrlichkeit des Himmels; zugleich ist er immerfort anwesend im Geheimnis seiner Kirche. Aufgrund der liturgischen Gedächtnisfeiern treten wir wirklich mit ihm, dem Lebendigen, in Kontakt; wir begegnen ihm zeichenhaft, sozusagen auf "materialisierte" Weise, in den sakramentalen Feiern.

Anwesende Zukunft

Im Gottesdienst auf Erden nehmen wir bereits vorauskostend an jener himmlischen Liturgie teil, die in der heiligen Stadt Jerusalem gefeiert wird, zu der wir pilgernd unterwegs sind. Wir vereinen uns mit den Engeln und Heiligen, um den dreimal heiligen Gott anzubeten. Mit jeder Feier ruft die Kirche das Ende herbei; sie spricht das Maranatha (Komm, Herr Jesus!) und beschleunigt so die Ankunft Jesu Christi. Im Gottesdienst fließen Vergangenheit, Gegenwart und Zukunft in eins zusammen.

Die Mitte aller Gottesdienste

Die Feier des Ostergeheimnisses und seine Entfaltung in Tagen, Wochen und im ganzen Jahr bildet die Mitte des christlichen Gottesdienstes. An allen Festen des Kirchenjahres geht es letztlich um das ganze Christusgeheimnis. Das ganze Geheimnis unserer Erlösung gipfelt jährlich im Osterfest und wöchentlich im Sonntag. An jedem Fest, sei es an Weihnachten, an Fronleichnam oder an einem Heiligenfest wird einzig und allein die österliche Wirklichkeit unter uns Gegenwart, freilich jedesmal von einem anderen Blickwinkel aus betrachtet. An Weihnachten begegnen wir dem verherrlichten Christus, aber wir schauen ihn hier als den in Betlehem Geborenen, als den in der Niedrigkeit des Fleisches Erschienenen. Im Advent ist der österliche Herr in der Festfeier anwesend, jetzt aber sehen und preisen wir ihn als den von den Völkern Ersehnten und am Ende der Tage in Glanz Aufstrahlenden. Auch am Karfreitag schaut die Kirche auf den Auferstandenen, diesmal jedoch auf dem dunklen Hintergrund seines Todesleidens. Darum gibt es keinen Karfreitag ohne das österliche Licht. Ebenso geht es in den Gedächtnisfeiern der Gottesmutter Maria und der

Heiligen um die Verkündigung des Pascha-Mysteriums. Maria ist untrennbar mit dem Heilswerk ihres Sohnes verbunden. Die Heiligen haben mit Christus gelitten und sind mit ihm verherrlicht. Ihr Beispiel und Ihre Fürsprache ziehen alle Glaubenden durch Christus zum Vater.

Reichtum des Kirchenjahres

Wir sehen: Das ganze Erlösungsgeheimnis ist stets da – darum die großartige Einheit des Kirchenjahres. Doch nähert man sich diesem Geheimnis von den verschiedensten Seiten – darum die Mannigfaltigkeit der Feste. Weil der Mensch die österliche Fülle nie auf einmal zu begreifen vermag, sucht er sich den Zugang zu ihr gleichsam von vielen Aussichtspunkten her zu verschaffen.

JOHANNES PAUL II.

Die Engel – Sechs Papstkatechesen

Kommentar von Prof. F. Holböck

64 Seiten, 3 Fotos, farb. Umschlag, DM/Fr. 3.-, S 27

In sechs Mittwochs-Audienzen, die ja immer katechetischen Charakter tragen, hat Papst Johannes Paul II. die Lehre der Kirche über die Engel vorgetragen. Die Engellehre ist etwas vom Schönsten und Tiefsten unseres Glaubens, ein Beweis der besonderen Liebe und Fürsorge Gottes, uns Menschen zugedacht, als er uns die Verheißung gab: "So spricht der Herr: Siehe, ich sende meinen Engel aus, daß er vor dir hergehe und dich behüte auf dem Wege."

Katechismus der katholischen Kirche

816 Seiten, Leinen Fr. 48.-, brosch. Fr. 37.-, Taschenbuch Fr. 25.-; Oldenbourg-Verlag, zu beziehen bei Christiana-Verlag, Abteilung Sortiment

Der neue Weltkatechismus ist verbindlich. Auf dieses Eigenschaftswort "verbindlich" haben die im Glauben standhaft gebliebenen Katholiken gewartet. Dieses Glaubensbuch ist ein Gottesgeschenk an unsere zerrüttete Welt. Der neue Katechismus stellt in einer einfachen und zugleich kristallklaren Sprache den Glauben der Kirche vor. Er ist ein Dokument der Universalkirche, an dem 3'000 Bischöfe gearbeitet haben, eines der "wichtigsten Ereignisse der katholischen Kirche" (Joh. Paul II.). Der neue Katechismus vermag den Glauben der Kirche, den viele nicht mehr im Detail kennen, wieder zu neuem Leben zu bringen.

CHRISTIANA-VERLAG CH-8260 STEIN AM RHEIN

ERWIN B. HEIM

Neuevangelisierung

206 Seiten,2 Fotos, Pb. DM 19.-, Fr.18.-, S 164

Der Ruf zur Neuevangelisierung ist vor allem ein Ruf zur Bekehrung. Christus ist "der allererste und größte Künder des Evangeliums. Er ist es bis zum Äußersten gewesen: bis zur Vollkommenheit und zur Hingabe seines irdischen Lebens". Die Frage nach dem Auftrag Jesu Christi ist das Thema dieses Buches. Über den Kreis der Priester und Ordensleute hinaus wendet es sich an alle, die ihr Leben aktiv als Christen gestalten wollen. Wo Zweifel und das Gefühl von Sinnlosigkeit auch unter Christen weit verbreitet sind, wollen diese Meditationen Mut machen zu einem Leben in der Nachfolge Christi. Die Begegnung mit Jesus Christus steht darum im Mittelpunkt dieses Buches. Eine Lektüre, die den Geist beflügelt, die tröstet und stärkt.

ANTON SCHRANER

Katholischer Katechismus

271 Seiten, gebunden, DM 10.80, Fr. 9.80, S 89

Der Heilige Vater ließ durch seinen Staatssekretär an Pfarrer Anton Schraner schreiben: "Ihr Katechismus bietet auf jeder Seite in der bewährten Methode von Frage und Antwort eine klare Auskunft zu den Grundfragen der katholischen Glaubens-, Gnaden- und Sittenlehre, und zwar sehr oft unter besonderer Berücksichtigung der aktuellen Probleme unserer Tage. Auf diese Weise ist das Werk für die einzelnen Gläubigen wie für die Eltern und Erzieher eine wirksame Hilfe gegen die Glaubenskrise und Glaubensnot unserer Zeit."